Diogenes Taschenbuch 24165

de
te
be

CARSON McCULLERS, geboren 1917 in Columbus (Georgia), gestorben 1967 in Nyack (New York), dort begraben. McCullers wollte eigentlich Pianistin werden. Mit 500 Dollar fuhr sie 18-jährig alleine nach New York, um an der renommierten Juilliard-Musikschule zu studieren. Das Geld verschwand auf mysteriöse Weise, doch sie blieb in New York, arbeitete als Sekretärin, Kellnerin, Barpianistin und beschloss, Schriftstellerin zu werden. Der Erfolg ihres Erstlings, *Das Herz ist ein einsamer Jäger*, machte die 23-Jährige zum literarischen ›Wunderkind‹. Mit 23 erlitt sie den ersten von drei Schlaganfällen, ihr Leben wurde bestimmt durch die Krankheit, der sie ihr Werk abrang, und durch Einsamkeit, besonders nach dem Selbstmord ihres Mannes 1953.

Carson McCullers

Wunderkind

und andere Meistererzählungen

Ausgewählt von Daniel Keel und Daniel Kampa

Mit einem Nachwort von Daniel Kampa

Aus dem Amerikanischen von Elisabeth Schnack

Diogenes

Die Erzählungen sind dem 2004 im Diogenes Verlag
erschienenen Band *Gesammelte Erzählungen*
von Carson McCullers entnommen
Nachweis am Schluss des Bandes
Covermotiv: Gemälde von Edward Hopper,
›Chop Suey‹, 1929 (Ausschnitt)

Veröffentlicht als Diogenes Taschenbuch, 2011

info@diogenes.ch · www.diogenes.ch
In Fragen zur Produktsicherheit (GPSR):
truepages UG (haftungsbeschränkt)
Westermühlstraße 29, 80469 München
info@truepages.de
ASR / 21 / 852 / 2
ISBN 978 3 257 24165 5

Inhalt

Wunderkind 7
Madame Zilensky und der König von Finnland 33
Ein Baum, ein Felsen, eine Wolke 50
Der Nomade 66
Ein häusliches Dilemma 86
Der verfolgte Junge 107
Wer hat den Wind gesehen? 134
Sucker 184

»Klein und exakt wie Vermeer«
Die Erzählungen von Carson McCullers
Von Daniel Kampa 205

Nachweis 229

Wunderkind

Sie trat ins Wohnzimmer: Die Notentasche klatschte gegen ihre in Winterstrümpfen stecken-den Beine; der rechte Arm wurde durch die Schulbücher nach unten gezogen. So stand sie einen Augenblick und lauschte auf die Klänge aus dem Studio. Eine weiche Folge von Klavierakkorden und das Stimmen einer Geige. Dann rief ihr Mr. Bilderbach mit seiner dicken, kehligen Stimme zu: »Bist du's, Bienchen?«

Als sie mit einem Ruck die Fäustlinge auszog, sah sie, dass ihre Finger noch im gleichen Rhythmus wie die Fuge zuckten, an der sie heute Morgen gearbeitet hatte. »Ja«, antwortete sie. »Ich bin's.«

»Nur einen Augenblick!«

Sie hörte Mr. Lafkowitz sprechen – seine Worte spulten sich wie ein seidiges, unverständliches Gesumm ab. Eine Stimme fast wie die einer Frau, dachte sie, wenn man sie mit der Mr. Bilderbachs verglich. Dann wurde ihre Aufmerksamkeit durch ihre Unrast abgelenkt. Sie fummelte mit dem Geometriebuch und der *Voyage de Monsieur Perrichon* herum, ehe sie beides auf den Tisch legte. Sie setzte sich aufs Sofa und begann ihre Noten aus der Tasche zu nehmen. Wieder sah sie ihre Hände, die zitternden Sehnen, die von den Knöcheln nach unten strebten, und den schlimmen Finger mit dem aufbröselnden, schmutzigen Verband. Der Anblick verstärkte noch die Furcht, die sie während der letzten paar Monate gequält hatte.

Lautlos flüsterte sie sich ein paar aufmunternde Redensarten zu. Eine gute Lektion … eine gute Lektion, wie früher … Ihre Lippen schlossen sich, als sie das schwerfällige Geräusch von Mr. Bilderbachs Schritten auf dem Fußboden des Studios und das Quietschen der Tür vernahm, die auf die Seite glitt.

Einen Augenblick hatte sie das seltsame Gefühl, als habe sie während des größten Teils von all den fünfzehn Jahren ihres Lebens nur auf das Gesicht und auf die Schultern geblickt, die hinter der Tür hervorstachen – und immer in einer Stille, die nur durch das gedämpfte, ausdruckslose Zupfen einer Geigensaite unterbrochen wurde. Mr. Bilderbach. Ihr Lehrer, Mr. Bilderbach. Flinke Augen hinter den Rändern der Hornbrille, lichtes, dünnes Haar und darunter ein schmales Gesicht; die Lippen voll und nur halb geschlossen, die Unterlippe vom ständigen Draufbeißen rosig und feucht schimmernd;

die sich verästelnden Adern an seinen Schläfen so deutlich pulsierend, dass man es durchs ganze Zimmer beobachten konnte.

»Kommst du nicht ein bisschen zu früh?«, fragte er und blickte auf die Kaminuhr, die seit einem Monat auf fünf Minuten vor zwölf zeigte. »Josef ist bei mir. Wir spielen gerade eine kleine Sonatine von jemandem durch, den er kennt.«

»Gut«, sagte sie und versuchte zu lächeln. »Ich höre zu.« In Gedanken sah sie ihre Finger, die kraftlos in einem Gewirr von Klaviertasten versanken. Sie spürte ihre Müdigkeit und dachte, wenn er sie noch länger ansähe, würden ihre Hände vielleicht zu zittern anfangen.

Unentschlossen stand er da, noch halb im Zimmer. Seine Zähne fuhren heftig in die glänzende, geschwollene Unterlippe. »Hungrig, Bienchen?«, fragte er. »Es ist Apfelkuchen da, den Anna ge-ba-cken hat, und Milch.«

»Ich warte lieber bis nachher«, sagte sie. »Danke!«

»Nachher, wenn du eine sehr gute Lektion hinter dir hast, wie?«

Sein Lächeln schien an den Mundwinkeln zu zerbröckeln.

Aus dem Studio hinter ihm kam ein Geräusch, und Mr. Lafkowitz stieß den andern Flügel der Schiebetür auf und blieb neben ihm stehen.

»Frances?«, sagte er. »Gute Fortschritte mit der Arbeit?«

Ohne dass er es beabsichtigte, flößte ihr Mr. Lafkowitz stets ein Gefühl ein, dass sie ungeschickt und in die Länge geschossen sei. Er war selbst ein so kleines Männchen mit einem müden Blick, falls er nicht seine Geige hielt. Seine Augenbrauen wölbten sich hoch über dem gelblichen jüdischen Gesicht, als stellten sie verwunderte Fragen, doch die Augenlider drusselten schlaff und gleichgültig. Heute schien er zerstreut. Sie beobachtete, wie er ohne ersichtlichen Grund ins Zimmer trat, den Bogen mit der Perlmutterspitze in den stillen Fingern hielt und das weiße Rosshaar langsam durch ein weißliches Stück Kolophonium zog. Seine Augen waren heute scharfe, glänzende Schlitze, und das Leinentaschentuch, das ihm vom Kragen niederhing, ließ die Schatten unter seinen Augen noch dunkler erscheinen.

»Du arbeitest also jetzt mit großem Erfolg, scheint mir?«, lächelte Mr. Lafkowitz, obwohl sie seine Frage noch nicht beantwortet hatte.

Sie sah Mr. Bilderbach an. Er wandte sich ab. Seine schwere Schulter stieß die Tür weit auf, so dass die späte Nachmittagssonne durch das Fenster im Studio flutete und gelbe Lichtleitern ins staubige Wohnzimmer sandte. Hinter ihrem Lehrer konnte sie den geduckten langen Flügel und das Fenster und die Büste von Brahms sehen.

»Nein«, sagte sie zu Mr. Lafkowitz. »Ich arbeite schrecklich schlecht.« Mit ihren schmächtigen Fingern schnippte sie gegen die Notenblätter. »Ich weiß nicht, was los ist«, sagte sie und blickte auf den gebeugten, muskulösen Rücken Mr. Bilderbachs, der drüben voller Spannung zuhörte.

Mr. Lafkowitz lächelte. »Es gibt Zeiten, glaube ich, in denen man …«

Ein schroffer Akkord drang vom Flügel her. »Meinen Sie nicht, wir sollten lieber weitermachen?«, fragte Mr. Bilderbach.

»Sofort«, sagte Mr. Lafkowitz und zog den Bogen noch einmal durch, ehe er zur Türe ging. Dann sah sie, wie er seine Geige vom Flügel nahm. Er erhaschte ihren Blick und ließ sein Instrument sinken. »Hast du das Bild von Heime gesehen?«

Ihre Finger krallten sich fest um die scharfe Ecke der Notentasche. »Welches Bild?«

»Eins von Heime, im *Musical Courier* dort auf dem Tisch! Auf der ersten Innenseite!«

Die Sonatine begann. Dissonant und doch irgendwie unkompliziert. Dürftig und doch mit einem sehr eigenen, geschliffenen Stil. Sie griff nach der Zeitschrift und schlug sie auf.

Da war Heime – in der linken Ecke. Er hatte die

Geige in der Hand und hielt die Finger, für ein Pizzikato gekrümmt, über den Saiten. In dunkler Serge-Pumphose, die unter den Knien ordentlich festgeschnallt war, und mit einem Sweater und Rollkragen. Es war ein schlechtes Bild. Obwohl es im Profil aufgenommen war, wandte sich das Auge zum Fotografen, und die Finger sahen aus, als müssten sie die falsche Saite anzupfen. Er schien unwillig, dass er sich dem Apparat hatte zuwenden müssen. Er war magerer geworden – sein Bauch stand nicht mehr vor –, aber im letzten halben Jahr hatte er sich nicht sehr verändert.

»Heime Israelsky, der begabte junge Geiger, während der Arbeit im Studio seines Lehrers am Riverside Drive aufgenommen. Der kleine Meister Israelsky, der bald seinen fünfzehnten Geburtstag feiern kann, ist aufgefordert worden, das Beethoven-Konzert zu spielen, zusammen mit ...«

Heute früh, nachdem sie von sechs bis acht geübt hatte, war sie von ihrem Papa gezwungen worden, sich mit der Familie an den Frühstückstisch zu setzen. Sie verabscheute das Frühstück: Hinterher war ihr davon übel. Lieber wartete sie und kaufte sich von ihren zwanzig Cent Lunchgeld vier Riegel Schokolade und kaute sie während der Schulstunden – indem sie unter dem Schutz ihres Taschentuchs kleine Stückchen aus der Tasche förderte und, wenn das Silberpapier knisterte, erschrocken innehielt. Doch heute früh hatte der Papa ihr ein Spiegelei auf den Teller gelegt, und sie hatte gewusst, dass sie, wenn es platzte und das schleimige Gelb über das Weiße quoll, weinen würde. Und so war's auch gekommen. Jetzt hatte sie das gleiche Gefühl. Behutsam legte sie die Zeitschrift wieder auf den Tisch und machte die Augen zu.

Die Musik im Studio schien heftig und ungeschickt auf etwas zu bestehen, das nicht zu haben war. Nach einem Weilchen entfernten sich ihre Gedanken von Heime und dem Konzert und dem Bild – und kreisten wieder um das Spiel. Sie rutschte auf dem Sofa weiter vor, bis sie gut ins Studio schauen konnte, wo die beiden spielten und aufmerksam die Vorzeichen beachteten und alles, was sie dort fanden, kraftvoll ausführten.

Mr. Bilderbachs Gesicht, als er sie vorhin angeblickt hatte, ging ihr nicht aus dem Sinn. Ihre Hände, die immer noch unwillkürlich im Rhythmus der Fuge zuckten, falteten sich über ihren knochigen Knien. Wie müde sie war! Und wieder hatte sie das Gefühl des Kreiselns und Versinkens, das sie oft überfiel, kurz bevor sie in Schlaf sank, wenn sie abends zu lange geübt hatte. Genau wie die müden Halbträume, die sie summend einkreisten und sie in wirbelnde Räume entführten.

Ein Wunderkind – ein Wunderkind – ein Wunderkind*! Die Silben kamen auf die dunkle deutsche Art angerollt, dröhnten ihr gegen die Ohren und verebbten zu einem Gemurmel, gleichzeitig mit den Gesichtern, die kreiselten und bis zur Entstellung anschwollen und zu bleichen Ballons verblassten: Mr. Bilderbach, Mrs. Bilderbach, Heime, Mr. Lafkowitz. Rundherum, immer rundherum drehten sie sich im Kreis um das kehlige Wort Wunderkind. Mr. Bilderbach bedrohlich groß in der Mitte des Kreises, mit drängendem Gesicht – und die andern rings um ihn herum.

Akkorde schaukelten wie toll auf und ab. Noten, die sie geübt hatte, purzelten eine über die andre, wie eine Handvoll Murmeln, die man die Treppe hinunterwirft. Bach, Debussy, Prokofieff, Brahms – in groteskem Takt mit dem fernen Pochen ihres ermüdeten Körpers und dem summenden Kreis.

Manchmal, wenn sie nur drei Stunden geübt hatte oder nicht in die Schule gegangen war, waren die Träume nicht so wirr. Dann schwang sich die Musik in ihrem Denken klar empor, und kurze, deutliche kleine Erinnerungen kamen ihr: klar wie das alberne Bild *Age of Innocence*, das Heime ihr nach dem gemeinsamen Konzert geschenkt hatte.

* Im Originaltext steht das deutsche Wort.

Ein Wunderkind – ein Wunderkind. So hatte Mr. Bilderbach sie genannt, als sie mit zwölf Jahren zum ersten Mal zu ihm gekommen war. Ältere Schüler hatten das Wort wiederholt. Nicht etwa, dass er sie je so angeredet hätte. »Bienchen …« (sie hatte einen schlichten amerikanischen Namen, aber den benutzte er niemals, außer wenn sie ganz entsetzliche Fehler machte), »Bienchen«, sagte er wohl, »ich weiß, dass es schrecklich sein muss. Die ganze Zeit einen so vollen Kopf mit sich herumschleppen müssen. Armes Bienchen …«

Mr. Bilderbachs Vater war ein holländischer Geiger gewesen. Seine Mutter stammte aus Prag. Er war in Amerika geboren, hatte aber seine Jugend in Deutschland verlebt. Wer weiß, wie oft hatte sie gewünscht, sie wäre nicht einfach in Cincinnati geboren und aufgewachsen. Wie heißt *cheese* auf Deutsch? Mr. Bilderbach, was heißt auf Holländisch *I don't understand you?*

Der erste Tag, an dem sie ins Studio kam. Nachdem sie die ganze Zweite Ungarische Rhapsodie auswendig gespielt hatte. Das Zimmer im Zwielicht immer schattiger. Sein Gesicht, als er sich über den Flügel beugte.

»Jetzt fangen wir wieder ganz von vorne an«, hatte er an jenem ersten Tag gesagt. »Es gehört mehr als nur Geschick dazu – zum Musizieren.

Wenn die Finger eines zwölfjährigen Mädchens in einer Sekunde soundso viel Tasten spielen können – das besagt noch gar nichts.«

Mit seiner dicken Hand klopfte er auf seine breite Brust und gegen die Stirn. »Hier – und hier! Du bist alt genug, um das zu verstehen.« Er zündete sich eine Zigarette an und blies den ersten Rauch sachte über ihren Kopf weg. »Und arbeiten, arbeiten und noch mal arbeiten! Wir wollen jetzt mit den Bach-Stückchen und den kleinen Schumann-Sachen anfangen.« Seine Hände bewegten sich wieder, diesmal, um an der Schnur der Lampe hinter ihr zu ziehen und auf die Noten zu deuten. »Ich zeige dir jetzt, wie ich das Stück geübt haben möchte. Hör gut zu!«

Sie hatten fast drei Stunden am Flügel zugebracht, und sie war sehr müde. Seine tiefe Stimme klang so, als hätte sie schon lange in ihr getönt. Sie hätte gern die Hand ausgestreckt und seinen federnden Finger berührt, der die Phrasierung angab, und hätte gern den funkelnden goldnen Reif berührt und den starken behaarten Handrücken.

Sie hatte dienstags nach der Schule und an den Samstagnachmittagen Unterricht. Oft blieb sie, wenn die Samstagslektion zu Ende war, zum Abendbrot, und dann auch noch über Nacht, und fuhr erst am andern Morgen mit der Straßenbahn nach Hause.

Mrs. Bilderbach hatte Bienchen auf ihre stille, fast ein wenig einfältige Art recht gern. Sie war ganz anders als ihr Mann. Sie war ruhig und dick und langsam. Wenn sie nicht in der Küche war und die schweren Gerichte zubereitete, die sie beide liebten, dann schien sie all ihre Zeit oben im Bett zu verbringen, Zeitschriften zu lesen oder einfach mit einem kleinen Lächeln ins Leere zu starren. Als sie in Deutschland geheiratet hatte, war sie Liedersängerin gewesen. Jetzt sang sie nicht mehr (wegen ihrer Kehle, wie sie sagte). Wenn er sie von der Küche ins Studio rief, damit sie sich einen Schüler oder eine Schülerin anhörte, dann lächelte sie stets und sagte, es sei gut, sehr gut.

Als Frances dreizehn Jahre alt war, wurde ihr eines Tages bewusst, dass Bilderbachs keine Kinder hatten. Es schien seltsam. Eines Tages war sie hinten bei Mrs. Bilderbach in der Küche gewesen, als er aus dem Studio gestürzt kam und sich wegen eines Schülers, der ihn geärgert hatte, vor Zorn nicht zu fassen wusste. Seine Frau stand da und rührte in der dicken Suppe, bis seine Hand sich vortastete und auf ihrer Schulter liegen blieb. Da drehte sie sich um, noch immer gelassen dastehend, indes er seine Arme um sie schlang und sein scharfes Profil im weißen, kraftlosen Fleisch ihres Halses vergrub. So standen sie da, ohne sich zu rühren. Und dann zuckte sein Gesicht plötzlich zurück: Der Zorn war einer stillen Ausdruckslosigkeit gewichen, und er war wieder ins Studio gegangen.

Nachdem sie mit dem Unterricht bei Mr. Bilderbach begonnen hatte und ihr keine Zeit mehr blieb, Klassengenossinnen zu sehen, war Heime der einzige Freund in ihrem Alter. Er war Mr. Lafkowitz' Schüler und kam manchmal an den Abenden, an denen sie auch da war, mit ihm zu Bilderbachs. Dann hörten sie dem Spiel ihrer beiden Lehrer zu. Und oft spielten sie auch selbst zusammen: Kammermusik, Sonaten von Mozart oder Bloch.

Ein Wunderkind. Ein Wunderkind.

Heime war ein Wunderkind. Er und dann sie.

Heime hatte seit seinem vierten Lebensjahr Geige gespielt. Er brauchte nicht in die Schule zu gehen; Mr. Lafkowitz' Bruder, der verkrüppelt war, unterrichtete ihn nachmittags in Geometrie und europäischer Geschichte und französischer Grammatik. Als er dreizehn war, hatte er eine ebenso gute Technik wie jeder Geiger in Cincinnati – das sagten alle. Aber auf der Geige zu spielen musste leichter sein als auf dem Klavier. Sie war überzeugt davon.

Heime roch ewig nach Samtmanchesterhosen und Kolophonium und nach dem, was er gerade gegessen hatte. Außerdem waren seine Hände rings um die Handgelenke meistens schmuddelig, und die Manschetten seiner Hemden schauten schwärzlich aus den Sweaterärmeln hervor. Wenn er spielte, beobachtete sie immer seine Hände: Sie waren nur in den Fingergelenken dünn; harte kleine Fleischklümpchen wulsteten sich über die kurzgeschnittenen Nägel, und im bogenführenden Handgelenk zeichnete sich deutlich die Falte ab, die so babyhaft aussah.

In ihren Träumen, und auch wenn sie wachte, konnte sie sich nur ganz verschwommen an das Konzert erinnern. Erst viele Monate später erfuhr sie, dass es für sie kein Erfolg gewesen war. Zwar hatten die Zeitungen Heime viel mehr gerühmt als sie. Aber er war ja auch viel kleiner als sie. Als sie zusammen auf der Bühne standen, hatte er ihr nur bis an die Schulter gereicht. Und davon ließen sich die Leute beeinflussen, wie sie wusste. Und dann war es auch wegen der Sonate gewesen, die sie zusammen gespielt hatten. Von Bloch.

»Nein, nein, ich glaube nicht, dass sie geeignet ist«, hatte Mr. Bilderbach gesagt, als davon die Rede war, das Konzert mit der Bloch-Sonate zu beschließen. »Dagegen die Sache von John Powell – die Virginische Sonate…« Damals hatte sie es nicht begriffen; sie hatte gewünscht, es sollte die Bloch sein, genauso wie Mr. Lafkowitz und Heime.

Mr. Bilderbach hatte nachgegeben. Später, nachdem die Kritiker gesagt hatten, ihr fehle es für jene Art Musik an Temperament, und nachdem sie ihr Spiel dünn und arm an Gefühl genannt hatten, war sie der Ansicht, sie sei hereingelegt worden.

»All der intellektuelle Kram«, sagte Mr. Bilderbach und knisterte mit der Zeitung. »Das ist nichts für dich, Bienchen. All das musst du den Heimes und ... witzes und ... skys überlassen.«

Ein Wunderkind. Einerlei, was die Zeitungen behaupteten, *er* hatte sie so genannt.

Wieso hatte Heime beim Konzert so viel besser abgeschnitten als sie? Manchmal in der Schule, wenn sie eigentlich aufpassen sollte, wie eine Geometrieaufgabe an der Wandtafel gelöst wurde, hatte die Frage wie ein Messer in ihr gewühlt. Im Bett machte sie sich auch Gedanken darüber, und sogar manchmal, wenn sie sich auf ihr Klavierspiel hätte konzentrieren sollen. Es war nicht bloß wegen Bloch und weil sie keine Jüdin war – nicht das allein. Es war auch nicht deshalb, weil Heime nicht in die Schule zu gehen brauchte und seine Ausbildung schon so früh begonnen hatte. Es war ...?

Einmal glaubte sie schon, es zu wissen.

»Spiel die Fantasia und die Fuge!«, hatte Mr. Bilderbach eines Abends vor etwa einem Jahr verlangt – nachdem er und Mr. Lafkowitz zusammen irgendwelche Noten gelesen hatten.

Der Bach kam ihr, während sie ihn spielte, als sehr geglückt vor. Mit dem äußersten Augenwinkel konnte sie den ruhigen, zufriedenen Ausdruck in Mr. Bilderbachs Gesicht gewahren und sehen, wie seine Hände sich mitgehend von den Armlehnen hoben und dann wieder entspannt und zufrieden nach unten sanken, wenn die großen Bögen der Melodie mit Erfolg durchgeführt waren. Als sie fertig war, stand sie auf und schluckte, um die Fesseln zu lösen, die ihr die Musik um Brust und Kehle gelegt zu haben schien. Aber dann:

»Frances«, hatte Mr. Lafkowitz gesagt und sie angeschaut – den schmallippigen Mund gekräuselt und die Augen fast verdeckt von den zerbrechlichen Lidern, »Frances, weißt du, wie viel Kinder Bach hatte?«

Sie drehte sich verblüfft um. »Sehr viele. Über zwanzig.«

»Dann konnte er also …« Die Winkel seines Lächelns ritzten sich leicht in das blasse Gesicht. »Dann konnte er also nicht … so kalt gewesen sein.«

Mr. Bilderbach war nicht angenehm berührt; aus seinem kehligen deutschen Wortschwall trat das Wort »Kind« hervor. Mr. Lafkowitz zog die Augenbrauen in die Höhe. Sie hatte gleich begriffen, um was es sich handelte, doch hielt sie es nicht für eine Täuschung, wenn sie eine ausdruckslose und kindliche Miene aufsetzte, denn Mr. Bilderbach wollte gern, dass sie so aussah.

Und doch hatten derlei Dinge nichts damit zu tun. Nicht sehr viel wenigstens, denn sie wurde ja älter. Mr. Bilderbach konnte das verstehen, und sogar Mr. Lafkowitz hatte es nicht genau so gemeint, wie er's gesagt hatte.

In ihren Träumen tauchte Mr. Bilderbachs Gesicht drohend auf und zog sich dann auf den Mittelpunkt des wirbelnden Kreises zurück. Die Lippen hoben sich leicht, und die Adern an seinen Schläfen pochten beharrlich.

Doch manchmal hatte sie vor dem Einschlafen auch sehr deutliche Erinnerungsbilder, zum Beispiel, wie sie ein Loch in der Ferse ihres Strumpfs nach unten zog, damit der Schuh es verstecken sollte. »Aber Bienchen, Bienchen!« Und er brachte Mrs. Bilderbachs Stopfkorb und zeigte ihr, wie es gestopft werden musste – und nicht einfach zu einem dicken Knoten zusammengezogen werden durfte.

Und dann damals, als das Abgangsexamen von der Junior Highschool gefeiert wurde. »Was ziehst du an?«, hatte Mrs. Bilderbach beim Frühstück gefragt, nachdem sie ihnen geschildert hatte, wie sie den Einmarsch in die Aula geübt hätten.

»Ein Abendkleid, das meine Kusine voriges Jahr getragen hat.«

»Oh, Bienchen!«, sagte er, schwenkte die warme Kaffeetasse in seinen schweren Händen und blickte sie mit lachenden, zwinkernden Augen an. »Woll'n wir wetten, dass ich genau weiß, was Bienchen tragen möchte?«

Und davon ließ er sich nicht abbringen. Er wollte es ihr nicht glauben, als sie erklärte, dass sie sich wahrhaftig gar nichts daraus machte.

»So etwa, Anna«, sagte er, warf seine Serviette auf den Tisch und trippelte durchs Zimmer, schaukelte mit den Hüften und schlug schmachtend die Lider hinter der Hornbrille auf.

Am folgenden Samstagnachmittag nahm er sie nach dem Unterricht mit in die Stadt, in ein Warenhaus. Seine dicken Finger glätteten die hauchfeinen Schleierstoffe und die knisternden Taftseiden, die die Verkäuferinnen von den Rollen abwickelten. Er hielt die Farben an ihr Gesicht, legte den Kopf auf die Seite und wählte Rosa. Auch an die Schuhe dachte er. Am besten gefielen ihm weiße Glacélederpumps. Ihr kamen sie ein bisschen wie Alte-Damen-Schuhe vor, und der Rotkreuzstempel am Spann innen sah so nach Wohltätigkeit aus. Aber eigentlich war es ja ganz einerlei. Als Mrs. Bilderbach mit dem Zuschneiden begann und das Kleid an ihr absteckte, unterbrach er den Unterricht, stellte sich daneben und schlug Rüschen am Ausschnitt und auf den Hüften vor und auf der Schulter eine Stoffrosette. Damals ging es mit ihrer Musik gut voran. Kleider und Schulbeginn und so weiter machten da keinen Unterschied aus.

Im Grunde hatte es alles nicht viel zu bedeuten, wenn sie nur so spielte, wie gespielt werden musste, und das Etwas aus sich herausholte, das in ihr stecken musste, und übte und übte und spielte, damit Mr. Bilderbachs Gesicht etwas weniger gespannt aussah. Wenn sie nur das Etwas in ihr Spiel legen konnte, das Myra Hess hatte und das Yehudi Menuhin hatte – ja, sogar Heime hatte es!

Was für eine Umwandlung hatte vor vier Monaten in ihr begonnen? Die Töne fingen an, glatt und leblos herauszuspringen. Adoleszenz, dachte sie. Manche Kinder spielten vielversprechend – und arbeiteten und arbeiteten, bis – wie bei ihr – die geringste Kleinigkeit sie zum Weinen brachte. Erschöpft von allem Bemühen, das Etwas richtig herauszuholen, das sie erstrebten, begann ihnen etwas Seltsames zu widerfahren. Aber nicht ihr! Sie war wie Heime. Sie musste so sein. Sie …

Einst war es ja bestimmt da gewesen. Und man konnte doch solch ein Etwas nicht einfach verlieren. Ein Wunderkind, ein Wunderkind. Von ihr hatte er es gesagt, hatte die Worte in seinem überzeugten, tiefen Deutsch hervorrollen lassen. Und in den Träumen sogar noch tiefer; überzeugter denn je. Das drohende Gesicht ihr zugewandt, die schmachtenden Sätze der Musik vermischt mit dem summenden, kreiselnden Rundherum, Rundherum … Ein Wunderkind. Ein Wunderkind …

Heute Nachmittag begleitete Mr. Bilderbach jedoch Mr. Lafkowitz nicht bis an die Haustür, wie er es sonst tat. Er blieb am Flügel und drückte leise eine einzelne Taste nieder. Frances hörte hin und sah dem Geiger zu, wie er sich den Schal um den blassen Hals band.

»Ein gutes Bild von Heime«, sagte sie und raffte ihre Noten zusammen. »Ich habe vor ein paar Monaten einen Brief von ihm bekommen; er schreibt, dass er Schnabel und Huberman gehört habe, und erzählt von der Carnegie Hall und von den Sachen, die sie im Russischen Tearoom gegessen haben.«

Um den Augenblick, da sie ins Studio gehen musste, noch etwas hinauszuzögern, wartete sie, bis Mr. Lafkowitz zum Gehen bereit war, und dann stellte sie sich hinter ihn, als er die Tür aufmachte. Die eisige Kälte drang von draußen herein. Es war schon spät, und durch die Luft sickerte das blasse Gelb der Winterdämmerung. Als die Tür sich in den Angeln drehte und schloss, erschien das Haus dunkler und schweigsamer, als sie es je erlebt hatte.

Als sie ins Studio ging, erhob sich Mr. Bilderbach vom Flügel und schaute ihr stumm zu, wie sie sich vor den Tasten zurechtsetzte. »So, Bienchen«, sagte er, »heute Nachmittag wollen wir ganz von vorne anfangen. Von ganz unten an. Wollen die letzten paar Monate vergessen!«

Er sah aus, als versuchte er eine Rolle in einem Film zu spielen. Sein schwerer Körper wippte von den Zehen auf den Absatz, er rieb sich die Hände, und er lächelte sogar auf eine befriedigte Filmschauspielerart. Dann plötzlich ließ er diese Manier schroff von sich abfallen. Seine schweren Schultern baumelten schlaff, und er begann den Notenstoß durchzublättern, den sie mitgebracht hatte. »Bach – nein, noch nicht«, murmelte er. »Beethoven? Ja. Die Sonate mit den Variationen. Opus 26.«

Die Tasten des Flügels schlossen sie ein: steif und weiß und leichenhaft.

»Warte einen Augenblick«, sagte er. Er stand in der Biegung des Flügels, hatte die Ellbogen aufgestützt und blickte sie an. »Heute erwarte ich etwas von dir. Die Sonate hier – ist die erste Beethoven-Sonate, die du bei mir durchgearbeitet hast. In ihrer technischen Ausführung ist jede Note unter Kontrolle, und du musst nur um das Musikalische ringen. Jetzt nur um das Musikalische. Das ist alles, woran du denken sollst.«

Raschelnd schlug er die Seiten in ihrem Band um, bis er die Sonate gefunden hatte. Dann zog er seinen Stuhl halbwegs ins Zimmer hinein, drehte ihn um und setzte sich rittlings darauf. Sie wusste, dass es, wenn er diese Stellung einnahm, aus irgendeinem Grund stets einen guten Einfluss auf ihr Spiel gehabt hatte. Doch heute spürte sie, dass sie ihn mit dem äußersten Augenwinkel wahrnehmen und sich stören lassen würde. Den Rücken hatte er steif nach hinten gelegt, seine Beine schienen voll nervöser Spannung. Der schwere Notenband vor seinem Gesicht schien gefährlich auf der Stuhllehne zu balancieren. »Jetzt fangen wir an«, sagte er und sandte ihr einen gebieterischen Blick zu.

Ihre Handflächen wölbten sich über den Tasten und sanken dann hinein. Die ersten Töne waren zu laut, die andern Takte klappten trocken nach.

Er hob die Hand von den Noten und gebot Einhalt. »Warte! Überlege dir eine Minute, was du spielst! Wie ist der Anfang bezeichnet?«

»Mit *An-andante*!«

»Gut! Dann musst du es auch nicht zu einem *Adagio* verlangsamen! Und greife tief in die Tasten hinein! Hasche nicht so oberflächlich danach! Ein anmutiges, volltönendes *Andante*...«

Sie versuchte es wieder. Ihre Hände schienen abgetrennt von der Musik, die in ihr war.

»Sag mal«, unterbrach er sie, »welche von diesen Variationen beherrscht das Ganze?«

»Der Trauermarsch«, erwiderte sie.

»Dann bereite ihn vor. Es ist ein *Andante* – aber es ist keine Salonmusik, wie du sie eben gespielt hast. Fang sanft an, *piano*, und lass es erst kurz vor dem *Arpeggio* anschwellen. Spiel warm und dramatisch. Und hier unten, wo es mit *dolce* bezeichnet ist, lass die Gegenstimme hervortreten. Das weißt du ja alles. Wir haben das alles schon durchgesprochen. Spiel es jetzt. Empfinde es so, wie Beethoven es niedergeschrieben hat. Fühl die Trauer und die Zurückhaltung.«

Sie musste unablässig auf seine Hände schielen. Sie schienen nur flüchtig auf den Noten zu ruhen, bereit, hochzufliegen und Halt zu gebieten, sobald sie beginnen würde: aufblitzend das Funkeln seines Ringes, das ihr Halt gebot. »Mr. Bilderbach … wenn ich vielleicht … Wenn Sie mir erlauben würden, die erste Variation ohne Unterbrechung zu spielen, könnte ich's vielleicht machen.«

»Ich werde dich nicht unterbrechen.«

Ihr bleiches Gesicht neigte sich zu tief auf die Tasten. Sie spielte den ersten Teil hintereinander und begann auf sein Kopfnicken hin den zweiten. Es kamen keine Fehler vor, die ihr Ohr beleidigt hätten, doch die Takte nahmen unter ihren Fingern

Gestalt an, ohne dass sie ihnen den Ausdruck verleihen konnte, den sie im Innersten empfand.

Als sie geendet hatte, blickte er von den Noten auf und begann mit schwermütiger Offenheit zu sprechen: »Die harmonischen Verzierungen in der rechten Hand habe ich kaum gehört. Und außerdem sollte dieser Teil an Intensität zunehmen und die Vorahnungen ausbauen, die für den zweiten Teil charakteristisch sind. Aber spiel jetzt weiter!«

Sie wollte den nächsten Satz mit verhaltener Auflehnung beginnen lassen und allmählich zu einem tiefen, wachsenden Kummer vorrücken. Ihr Gefühl sagte ihr das. Doch ihre Finger schienen wie schlaffe Makkaroni an den Tasten zu kleben, und sie konnte sich das Stück nicht mehr so vorstellen, wie es gemeint war. Als der letzte Ton verklungen war, schloss er das Notenheft und erhob sich energisch vom Stuhl. Er bewegte den Unterkiefer von einer Seite auf die andere, und zwischen seinen offenen Lippen konnte sie die rosige, gesunde Gasse zu seiner Kehle und zu den starken rauchgelben Zähnen erblicken. Er legte den Beethoven behutsam auf ihre übrigen Noten und stützte seine Ellbogen wieder auf die glatte schwarze Fläche des Flügels. »Nein«, sagte er einfach und blickte sie an.

Ihr Mund begann zu zittern. »Ich kann's nicht ändern. Ich…«

Plötzlich verzog er seine Lippen zu einem Lächeln. »Hör mal, Bienchen«, begann er mit einer neuen, forcierten Stimme. »Du spielst doch immer noch den *Fröhlichen Hufschmied,* nicht wahr? Ich sagte dir, du möchtest es nicht aus deinem Repertoire streichen.«

»Ja«, sagte sie. »Ich übe es hin und wieder.«

Er sprach jetzt mit der Stimme, die er Kindern gegenüber anwandte. »Es gehörte zu den ersten Stücken, die wir zusammen durchgearbeitet haben, weißt du noch? So kräftig hast du es immer gespielt – richtig wie die Tochter eines Schmieds. Sieh mal, Bienchen, ich kenne dich so gut – als ob du meine eigene Tochter wärst. Ich weiß, was du hast... Ich habe dich so viele Stücke wunderschön spielen hören. Immer hast du...«

Er brach verwirrt ab und inhalierte den Rauch aus dem zerquetschten Zigarettenstummel. Der Rauch schlich träge aus seinen rosigen Lippen und legte sich als grauer Nebel um ihr offenes Haar und die kindliche Stirn.

»Lass es glücklich und schlicht klingen«, sagte er, schaltete hinter ihr die Lampe an und trat vom Flügel fort.

Einen Augenblick stand er innerhalb des hellen Kreises, den das Licht bildete. Dann kauerte er sich impulsiv auf den Fußboden. »Kraftvoll«, sagte er.

Sie konnte nicht aufhören, ihn anzublicken, wie er da auf dem einen Absatz saß und den andern Fuß wegen des Gleichgewichts quer davorgelegt hatte; die Muskeln seiner starken Oberschenkel strammten sich unter dem Tuch der Hose, der Rücken war gerade, die Ellbogen waren fest auf die Knie gestemmt. »Also schlicht«, wiederholte er mit einer Geste seiner fleischigen Hände. »Denk an den Schmied – wie er den ganzen Tag draußen im Sonnenschein arbeitet. Mühelos und unbekümmert arbeitet.«

Sie konnte nicht auf die Tasten blicken. Das Licht schimmerte auf den Härchen seines Handrückens und ließ die Gläser seiner Brille glitzern.

»Alles!«, sagte er. »Jetzt!«

Es war ihr zumute, als sei das Mark ihrer Knochen ausgehöhlt und als sei kein Blut mehr in ihren Adern. Ihr Herz, das den ganzen Nachmittag gegen ihre Brust gehämmert hatte, schien ihr plötzlich wie tot. Sie sah es grau und schlaff und an den Rändern eingeschrumpft wie eine Auster.

Sein Gesicht schien vor ihr in den freien Raum hinauszuzittern und mit der bedrohlichen Bewegung der Adern an seinen Schläfen auf sie zuzukommen. Ausweichend blickte sie auf die Tasten. Ihre Lippen bebten wie Gallert, und ein Quell lautloser Tränen ließ die weißen Tasten zu einer wässerigen Linie verschwimmen. »Ich kann nicht«, flüsterte sie. »Ich weiß nicht, warum, aber ich kann einfach nicht, kann einfach nicht mehr.«

Sein angespannter Körper sackte zusammen; er stützte sich seitlich mit der Hand auf und rappelte sich hoch. Sie packte ihre Noten und eilte an ihm vorbei.

Ihr Mantel. Ihre Fäustlinge und die Galoschen. Die Schulbücher und die Notentasche, die er ihr zum Geburtstag geschenkt hatte. Alles, was ihr gehörte in diesem stillen Zimmer. Rasch – ehe er etwas sagen musste.

Als sie über den Vorflur ging, sah sie, ohne es zu wollen, seine Hände: Er hielt sie vom Körper weg, der entspannt und zwecklos gegen die Studiotür lehnte. Die Tür fiel fest ins Schloss. Sie schleppte ihre Bücher und die Notentasche und stolperte die Steintreppe hinunter, wandte sich der verkehrten Richtung zu und hastete die Straße entlang, die wie ein Wirrwarr an Lärm und Fahrrädern und Spielen andrer Kinder auf sie einstürmte.

Madame Zilensky und der König von Finnland

Dass Madame Zilensky für die Fakultät gewonnen werden konnte, war einzig Mr. Brook, dem Leiter der Musikkurse im Ryder College, zu verdanken. Das College schätzte sich glücklich, denn sie hatte sowohl als Komponistin wie als Pädagogin einen achtunggebietenden Ruf. Mr. Brook übernahm es persönlich, für Madame Zilensky ein Haus zu besorgen, ein praktisches Haus mit Garten, das nicht zu weit vom College und gleich neben dem Apartment-House lag, in dem er selber wohnte.

Ehe Madame Zilensky nach Westbridge kam, kannte sie dort keiner. Mr. Brook hatte ihr Bild in musikalischen Fachzeitschriften gesehen, und er war auch einmal wegen der Echtheit eines Manuskripts von Buxtehude mit ihr in Briefwechsel getreten. Außerdem hatten sie, als ihr Eintritt in die Fakultät zur Debatte stand, ein paar Telegramme und Briefe über praktische Fragen gewechselt. Sie hatte eine deutliche, steile Handschrift, und an den

Briefen war nichts Ungewöhnliches, abgesehen von gelegentlichen Anspielungen auf Dinge und Personen, die Mr. Brook völlig unbekannt waren, wie etwa ›die gelbe Katze in Lissabon‹ oder ›der arme Heinrich‹ – kleine Versehen, die Mr. Brook den Schwierigkeiten zuschrieb, die sie zu überwinden hatte, um mit ihrer Familie aus Europa auszuwandern.

Mr. Brook war eine etwas verhaltene Persönlichkeit; Jahre voller Mozart-Menuette und Erläuterungen über verminderte Septimen und Molldreiklänge hatten ihm die aufmerksame Geduld seines Berufs eingeimpft. Meistens lebte er für sich. Er verabscheute die akademische Wichtigtuerei und die Komiteesitzungen. Vor Jahren, als die Musikhochschule beschlossen hatte, gemeinsam einen Sommer in Salzburg zu verbringen, hatte sich Mr. Brook im letzten Augenblick vor den Abmachungen gedrückt und allein eine Reise nach Peru unternommen. Er war selbst nicht ganz frei von Verschrobenheiten und duldsam gegenüber den Eigentümlichkeiten andrer Leute, ja, er konnte deren Komik geradezu genießen. Oft, wenn er sich schwerwiegenden und verworrenen Problemen gegenübersah, verspürte er wohl einen heimlichen kleinen Lachreiz, der sein langes, mildes Gesicht erstarren und das Licht in seinen grauen Augen aufleuchten ließ.

Mr. Brook holte Madame Zilensky eine Woche

vor Beginn des Wintersemesters in Westbridge auf dem Bahnhof ab. Er erkannte sie sofort. Sie war eine große, gutgewachsene Frau mit einem blassen und hageren Gesicht. Unter ihren Augen lagen tiefe Schatten, und ihr wirres dunkles Haar trug sie aus der Stirn frisiert. Sie hatte große, feine Hände, die sehr schmuddelig waren. Ihre ganze Erscheinung hatte etwas Edles und Entrücktes, was Mr. Brook einen Augenblick bewog, einen Schritt zurückzutreten und nervös mit seinen Manschettenknöpfen zu spielen. Trotz ihrer Kleider – sie trug einen langen schwarzen Rock und eine abgenutzte alte Lederjacke – wirkte sie irgendwie elegant. Sie hatte drei Kinder mitgebracht, Jungen im Alter von sechs bis zehn Jahren, alle drei blond und schön und scheu. Noch jemand anders war dabei, eine alte Frau, die, wie sich später zeigte, die finnische Bedienerin war.

Das war die Gruppe, die er am Bahnhof vorfand. Das einzige Gepäck, das sie bei sich hatten, waren zwei riesige Schachteln mit Manuskripten, denn ihre übrige Habe hatten sie in Springfield vergessen, wo sie umgestiegen waren. So etwas kann jedem passieren. Als Mr. Brook sie alle im Taxi hatte, glaubte er, das Schlimmste sei überstanden, aber Madame Zilensky versuchte plötzlich, über seine Knie zur Tür hinauszusteigen.

»Mein Gott«, sagte sie, »ich vergaß mein... wie nennt man's doch gleich?... mein Tick-tick-tick...«

»Ihre Uhr?«, fragte Mr. Brook.

»O nein«, widersprach sie lebhaft. »Sie wissen doch... tick-tick-tick«, und sie bewegte ihren Zeigefinger wie ein Pendel hin und her.

»Tick-tick?«, sagte Mr. Brook, legte die Hand auf die Stirn und schloss die Augen. »Meinen Sie etwa ein Metronom?«

»Ja, o ja! Vielleicht hab ich's verloren, als wir umsteigen mussten!«

Es gelang Mr. Brook, sie zu beruhigen. Er sagte sogar aus einer schüchternen Galanterie heraus, dass er ihr am folgenden Tag ein anderes besorgen würde. Doch gleichzeitig musste er sich gestehen, dass die panische Angst wegen eines Metronoms etwas Eigentümliches sei, denn schließlich musste man mit dem Verlust des gesamten übrigen Gepäcks rechnen.

Die Familie Zilensky zog in das Nachbarhaus ein, und oberflächlich betrachtet schien alles in Ordnung. Die Jungen waren ruhige Kinder. Sie hießen Sigmund, Boris und Sammy. Stets steckten sie beisammen, und sie liefen immer im Gänsemarsch, wobei Sigmund meistens der Erste war. Wenn sie unter sich waren, sprachen sie ein schauderhaft klingendes Familien-Esperanto, bestehend aus

Russisch, Französisch, Finnisch, Deutsch und Englisch; waren aber andre Leute in der Nähe, dann waren sie merkwürdig schweigsam. Das Unbehagen, das Mr. Brook wegen der Zilenskys empfand, rührte nicht von Dingen her, die sie taten oder sagten. Eher waren es geringfügige Tatsachen. Irgendetwas an den Zilenskyschen Kindern störte ihn ganz unbewusst, zum Beispiel, wenn sie sich in einem Haus aufhielten, und endlich merkte er, weshalb: Sie liefen nie über einen Teppich. Im Gänsemarsch gingen sie drum herum, und wenn das Zimmer einen Spannteppich hatte, dann blieben sie in der Tür stehen und betraten das Zimmer nicht. Noch etwas anderes: Wochen vergingen, und Madame Zilensky machte nicht die leisesten Anstalten, sich nett einzurichten oder noch etwas mehr Möbel als nur den Tisch und ein paar Betten anzuschaffen. Die Haustür stand Tag und Nacht offen, und bald rief das Haus einen wunderlich verödeten Eindruck hervor, als stünde es schon seit Jahren leer.

Das College hatte allen Grund, mit Madame Zilensky zufrieden zu sein. Sie unterrichtete mit fanatischer Hingabe. Sie konnte sich furchtbar aufregen, wenn eine Mary Owens oder eine Bernardine Smith ihre Scarlatti-Triller nicht sauber ausfeilte. Für ihr Studio im College beschaffte sie vier Klaviere und stellte vier verstörten Studentinnen die Aufgabe, zusammen Bach-Fugen zu spielen. Der Lärm, der von ihrer Ecke im College ausging, war außergewöhnlich, aber Madame Zilensky schien keine Nerven zu besitzen; und wenn guter Wille und Fleiß allein für eine musikalische Idee genügen, dann hätte das Ryder College nicht besser fahren können. Nachts arbeitete Madame Zilensky an ihrer zwölften Symphonie. Schlaf brauchte sie anscheinend nicht; einerlei, zu welcher Stunde Mr. Brook in der Nacht aus seinem Wohnzimmerfenster schaute, immer brannte Licht in ihrem Studio. Nein, berufliche Erwägungen waren es nicht, die Mr. Brook so skeptisch stimmten.

Ende Oktober hatte er zum ersten Mal das deutliche Gefühl, dass etwas nicht in Ordnung war. Er hatte mit Madame Zilensky zu Mittag gegessen und sich dabei gut unterhalten, da sie ihm sehr ausführlich von ihrer im Jahre 1928 unternommenen afrikanischen Jagdexpedition erzählt hatte. Im Laufe des Nachmittags kam sie dann bei ihm vorbei und blieb ziemlich geistesabwesend auf der Türschwelle seines Büros stehen.

Mr. Brook blickte von seinem Schreibtisch auf und fragte: »Kann ich etwas für Sie tun?«

»Nein, danke«, sagte Madame Zilensky. Sie hatte eine tiefe, schwermütige, schöne Stimme. »Ich überlegte mir nur gerade – Sie erinnern sich doch noch an das Metronom –, glauben Sie vielleicht, ich könnte es bei dem Franzmann gelassen haben?«

»Bei wem?«, fragte Mr. Brook.

»Ach, bei dem Franzmann, mit dem ich verheiratet war«, antwortete sie.

»Bei dem Franzosen«, verbesserte Mr. Brook freundlich. Er versuchte, sich Madame Zilenskys Ehemann vorzustellen, doch seine Phantasie versagte. »Der Vater der drei Kinder«, sagte er – halb zu sich selber.

»Aber nein!«, widersprach Madame Zilensky sehr entschieden. »Sammys Vater!«

Mr. Brook wurde von einer jähen Vorahnung erfasst. Seine tiefsten Instinkte warnten ihn davor, noch etwas zu sagen. Doch seine Ordnungsliebe und sein Gewissen verlangten, dass er weiterfragte: »Und der Vater der andern beiden?«

Madame Zilensky hob die Hand zum Hinterkopf und fuhr sich durch ihr kurzgeschnittenes Haar. Ihr Gesicht war verträumt, und ein Weilchen gab sie keine Antwort. Dann sagte sie sanft: »Boris ist von einem Polen, der die Pikkoloflöte spielte.«

»Und Sigmund?«, fragte er. Mr. Brooks Blick schweifte über den ordentlichen Schreibtisch, den Stapel korrigierter Arbeiten, die drei gespitzten Bleistifte und den Briefbeschwerer, einen Elefanten aus Elfenbein. Als er zu Madame Zilensky aufsah, dachte sie offenbar angestrengt nach. Mit zusammengezogenen Augenbrauen und mahlendem Unterkiefer starrte sie in die Zimmerecke. Endlich sagte sie: »Wollten wir uns über Sigmunds Vater unterhalten?«

»Aber nein«, sagte Mr. Brook, »das ist durchaus nicht nötig!«

Madame Zilensky antwortete mit einer Stimme, die gleichzeitig würdevoll und abschließend klang: »Er war ein Landsmann von mir.«

Es war Mr. Brook wirklich völlig einerlei. Er hatte keine Vorurteile; was ihn anbetraf, konnten die Leute siebzehnmal heiraten und chinesische Kinder in die Welt setzen. Doch an der Unterhaltung mit Madame Zilensky war etwas, das ihn beunruhigte. Plötzlich wusste er, warum. Die Kinder sahen Madame Zilensky überhaupt nicht ähnlich, aber untereinander glichen sie sich sehr, und da jedes einen andern Vater hatte, fand Mr. Brook die Ähnlichkeit merkwürdig.

Madame Zilensky hatte jedoch mit dem Thema abgeschlossen. Sie zerrte den Reißverschluss ihrer Jacke nach oben und wandte sich zum Gehen.

»Bestimmt habe ich es dort gelassen«, sagte sie und nickte kurz. »*Chez* dem Franzmann.«

In der Musikhochschule ging alles seinen Gang. Mr. Brook hatte keine ernstlichen Schwierigkeiten zu bewältigen wie etwa im vergangenen Jahr, als die Harfenlehrerin mit dem Garagenmechaniker durchbrannte. Er hatte nur diesen quälenden Argwohn wegen Madame Zilensky. Er konnte sich nicht klarwerden, was an seinen Beziehungen zu ihr nicht stimmte oder weshalb seine Gefühle ihr gegenüber so gemischter Art waren. Zunächst einmal war sie eine große Weltenbummlerin, und ihre Gespräche waren ganz überflüssigerweise mit Erwähnungen der unwahrscheinlichsten Gegenden gespickt. Ohne den Mund aufzumachen, konnte sie tagelang umhergehen und wanderte durch die Korridore, die Hände in den Taschen vergraben und das Gesicht verschlossen und nachdenklich. Dann plötzlich konnte sie Mr. Brook beim Knopfloch packen und einen langen, beschwingten Monolog vom Stapel lassen, wobei ihre Augen draufgängerisch strahlten und die Stimme sich vor Eifer erwärmte. Und doch hatte jedes Ereignis, das sie erwähnte, ausnahmslos etwas Fragwürdiges, irgendwie Verbogenes an sich. Wenn sie andeutete, dass sie Sammy zum Friseur bringen wollte, dann schuf sie damit eine ebenso fremdländische Atmosphäre, wie wenn sie von einem Nachmittag in Bagdad erzählte. Mr. Brook konnte es nicht begreifen.

Ganz unversehens ging ihm die Wahrheit auf, und die Wahrheit löste jedes Rätsel oder klärte wenigstens die Lage. Mr. Brook war früh nach Hause gekommen und hatte im kleinen Kamin seines Wohnzimmers ein Feuer angezündet. Es war ihm an jenem Abend behaglich und friedvoll zumute. Er saß in Socken vor dem Kamin, auf dem Tisch neben sich einen Band William Blake; er hatte sich ein halbes Glas Apricot-Brandy eingeschenkt. Um zehn Uhr döste er gemütlich vor dem Feuer und hatte den Kopf voll verschwommener Mahlerscher Phrasen und unbestimmter Gedankenbruchstücke. Dann schossen ihm plötzlich mitten in seinem angenehmen Nichtstun vier Worte durch den Kopf: »Der König von Finnland.« Die Worte schienen vertraut, doch im ersten Augenblick konnte er sie nicht unterbringen. Dann plötzlich kam er ihnen auf die Spur. Als er heute Nachmittag durch die College-Anlagen gegangen war, hatte ihn Madame Zilensky aufgehalten und eine alberne Geschichte begonnen, die er sich nur mit halbem Ohr angehört hatte, denn er musste an einen Stoß Kanons denken, den seine Kontrapunktklasse heute abgegeben hatte. Jetzt kehrten ihre Worte und die Modulation ihrer Stimme mit trügerischer Genauigkeit zurück. Madame Zilensky hatte mit folgender Bemerkung begonnen: »Als ich eines Tages vor einer *pâtisserie* stand, kam der König von Finnland in einem Schlitten vorbei.«

Mr. Brook setzte sich in seinem Sessel kerzengerade hin und stellte das Glas Brandy auf den Tisch. Die Frau war eine pathologische Lügnerin! Fast jedes Wort, das sie außerhalb des Unterrichts äußerte, war eine Unwahrheit. Wenn sie die ganze Nacht durchgearbeitet hatte, dann erzählte sie einem mit dem größten Vergnügen, sie sei im Kino gewesen. Wenn sie in der Old Tavern Mittag gegessen hatte, dann flocht sie bestimmt ein, sie habe zu Hause bei ihren Kindern gegessen. Die Frau war einfach eine pathologische Lügnerin, und das erklärte alles.

Mr. Brook knackte mit seinen Knöcheln und erhob sich. Seine erste Reaktion war Erbitterung. Dass Madame Zilensky Tag für Tag die Stirn gehabt hatte, in seinem Büro zu sitzen und ihn mit ihren empörenden Lügen zu überschütten! Mr. Brook war furchtbar aufgebracht. Er wanderte im Zimmer auf und ab und ging dann in seine Kleinküche, um sich ein Sardinenbrot zu machen.

Eine Stunde drauf, als er vor seinem Feuer saß, war sein Ärger einem nachdenklichen, wissenschaftlichen Grübeln gewichen. Er sagte sich, dass er die ganze Sache unpersönlich betrachten und Madame Zilensky so ansehen müsse, wie ein Arzt einen Patienten ansieht. Ihre Lügen waren an sich harmlos. Sie verbreitete ihre Unwahrheiten nicht, um absichtlich irrezuführen, und benutzte sie niemals, um einen Vorteil daraus zu ziehen. Das war ja gerade das Verrückte: Es steckte einfach kein Motiv dahinter.

Mr. Brook trank den letzten Schluck Brandy. Und allmählich – es war fast Mitternacht – kam ihm eine weitere Erkenntnis. Der Grund für Madame Zilenskys Lügen war betrüblich einleuchtend. Ihr Leben lang hatte Madame Zilensky gearbeitet – am Klavier, im Klassenzimmer und an ihren herrlichen, großartigen zwölf Symphonien. Tag und Nacht hatte sie sich abgerackert und abgemüht und war mit ganzer Seele bei der Arbeit gewesen, so dass für etwas anderes nicht viel übrig blieb. Als menschliches Wesen litt sie unter dieser Einseitigkeit und versuchte, sich dafür schadlos zu halten. Wenn sie den Abend, über einen Tisch gebeugt, in der Bibliothek verbracht hatte und später behauptete, sie hätte sich die Zeit mit Kartenspielen vertrieben, so war es, als hätte sie beides gleichzeitig getan. Die Lügen verhalfen ihr zu einem Ersatzleben. Sie verdoppelten das bisschen Dasein, das außer der Arbeit noch vorhanden war, und vergrößerten den kleinen Fetzen persönlichen Lebens.

Mr. Brook schaute ins Feuer, und das Gesicht Madame Zilenskys tauchte vor ihm auf: ein strenges Gesicht mit dunklen, müden Augen und einem vornehm beherrschten Mund. Er spürte, wie ihm warm ums Herz wurde, und er empfand Mitleid und Beschützerdrang und ein furchtbares Verständnis. Eine Zeitlang war er in einem Zustand holder Verwirrung.

Später putzte er sich die Zähne und stieg in seinen Schlafanzug. Er musste sachlich denken. Was wurde dadurch aufgeklärt? Der Franzose, der Pole mit der Pikkoloflöte, Bagdad …? Und die Kinder, Sigmund, Boris und Sammy: Wer waren sie? Waren es wirklich ihre eigenen Kinder, oder hatte sie sie nur irgendwo aufgelesen? Mr. Brook putzte seine Brille und legte sie auf den Nachttisch. Er musste sofort zu einer Verständigung mit ihr kommen. Sonst könnte sich in der Fakultät eine äußerst bedenkliche Situation ergeben. Es war jetzt zwei Uhr. Er blickte aus dem Fenster und sah, dass in Madame Zilenskys Arbeitszimmer noch Licht brannte. Mr. Brook legte sich zu Bett, schnitt im Dunkeln schreckliche Grimassen und versuchte sich auszudenken, was er ihr am folgenden Tag sagen könnte.

Gegen acht Uhr war Mr. Brook in seinem Büro. Er saß mit eingezogenem Kopf hinter seinem Schreibtisch und war bereit, Madame Zilensky abzufangen, sowie sie den Korridor entlangkam. Er musste nicht lange warten, und sobald er ihre Schritte hörte, rief er sie beim Namen.

Madame Zilensky stand auf der Schwelle. Sie sah

zerstreut und überarbeitet aus. »Wie geht's Ihnen? Ich hab so gut geschlafen heut Nacht!«

»Bitte nehmen Sie Platz!«, sagte Mr. Brook. »Ich möchte gern etwas mit Ihnen besprechen!«

Madame Zilensky legte ihre Aktentasche hin und lehnte sich müde in den Sessel ihm gegenüber. »Ja, bitte?«, fragte sie.

»Als ich gestern durch die College-Anlagen ging, erzählten Sie mir etwas«, sagte er langsam. »Und wenn ich mich nicht sehr irre, sprachen Sie, glaube ich, von einer Konditorei und vom König von Finnland. Stimmt das?«

Madame Zilensky wandte den Kopf auf die Seite und blickte sinnend auf eine Ecke des Fensterbretts.

»Von einer Konditorei«, wiederholte er.

Ihr müdes Gesicht leuchtete auf. »Oh, natürlich«, rief sie voller Eifer. »Ich erzählte Ihnen, wie ich vor dem Laden stand und wie der König von Finnland …«

»Madame Zilensky!«, rief Mr. Brook. »Es gibt gar keinen König von Finnland!«

Madame Zilenskys Miene war völlig ausdruckslos. Nach einer kurzen Pause fing sie von vorne an. »Ich stand vor Bjarnes *pâtisserie*, und als ich mich von den Kuchen abwandte und plötzlich den König von Finnland sah …«

»Madame Zilensky, ich habe Ihnen doch gerade

gesagt, dass es gar keinen König von Finnland gibt!«

»In Helsingfors«, fing sie verzweifelt von vorne an, und wieder ließ er sie nur bis zum König kommen, und nicht weiter.

»Finnland ist eine Republik«, sagte er. »Sie können unmöglich den König von Finnland gesehen haben. Daher ist das, was Sie eben erzählt haben, eine Unwahrheit. Eine eindeutige Unwahrheit.«

Niemals konnte Mr. Brook das Gesicht vergessen, das Madame Zilensky in jenem Augenblick machte. In ihren Augen lagen Erstaunen, Bestürzung und das Entsetzen des gestellten Wilds. Sie glich einem Menschen, der mit ansehen muss, wie seine ganze innere Welt aufbricht und zu nichts zerfällt.

»Es ist sehr bedauerlich«, sagte Mr. Brook mit echter Anteilnahme.

Aber Madame Zilensky riss sich zusammen. Sie hob das Kinn und sagte kalt: »Ich bin Finnin.«

»Das bezweifle ich nicht«, erwiderte Mr. Brook. Aber wenn er es recht überlegte, bezweifelte er es doch ein wenig.

»Ich wurde in Finnland geboren und bin finnische Staatsbürgerin.«

»Das mag schon sein«, sagte Mr. Brook und hob die Stimme.

»Im Krieg«, fuhr sie leidenschaftlich fort, »fuhr ich als Meldebote Motorrad.«

»Es hat nichts mit Ihrer Vaterlandsliebe zu tun!«

»Nur weil ich mich um die amerikanische Staatsbürgerschaft bewerbe ...«

»Madame Zilensky!«, rief Mr. Brook. Seine Hände packten die Kante seines Schreibtisches. »Das ist eine Sache, die gar nicht hierhergehört. Es handelt sich darum, dass Sie behaupten und bestätigen, Sie hätten den ... Sie hätten den ...« Aber er konnte den Satz nicht beenden. Ihr Gesicht hinderte ihn daran. Es war totenbleich, und um den Mund lagen Schatten. Die Augen waren weit aufgerissen – und des Urteils gewiss – und stolz. Und Mr. Brook kam sich plötzlich wie ein Mörder vor. Ein Ansturm von Gefühlen – Verständnis und Reue und eine unvernünftige Liebe – zwang ihn, sein Gesicht mit den Händen zu bedecken. Er konnte erst wieder sprechen, als sich seine innere Erregung etwas gelegt hatte, und dann sagte er sehr leise: »Ja. Natürlich. Der König von Finnland. War er nett?«

Eine Stunde darauf saß Mr. Brook in seinem Büro und schaute aus dem Fenster. Die Bäume in der ruhigen Westbridge Street waren fast entlaubt, und die grauen College-Gebäude sahen still und melancholisch aus. Als er müßig das vertraute Bild in sich aufnahm, bemerkte er Drakes alten Airedale-Terrier, der die Straße entlangwackelte. Er hatte es schon hundertmal beobachtet – was kam ihm also daran so sonderbar vor? Dann begriff er mit einer Art kalter Überraschung, dass der alte Hund rückwärts lief. Mr. Brook sah dem Airedale nach, bis er ihm aus dem Blickfeld entschwand, und dann nahm er die Arbeit an den Kanons wieder auf, die seine Kontrapunktklasse abgegeben hatte.

Ein Baum, ein Felsen, eine Wolke

Es regnete an jenem Morgen, und es war noch sehr dunkel. Als der Junge beim Tram-Café ankam, hatte er seine Tour fast beendet, und er ging hinein, um eine Tasse Kaffee zu trinken. Es war ein die ganze Nacht hindurch geöffnetes Café, das einem verbitterten und geizigen alten Mann namens Leo gehörte.

Nach der nasskalten, leeren Straße erschien das Café freundlich und hell. An der Bar waren einige Soldaten und drei Arbeiter von der Baumwollspinnerei, und an der Ecke saß vornübergebeugt ein Mann und ließ die Nase und das halbe Gesicht in sein Bierseidel hängen. Der Junge trug einen Sturzhelm, wie ihn Flugpiloten tragen. Als er das Café betrat, schnallte er den Kinnriemen ab und schlug die rechte Klappe über seinem kleinen rosa Ohr in die Höhe. Meistens, wenn er hier seinen Kaffee trank, redete der eine oder andere nett mit ihm. Aber heute früh blickte ihn Leo nicht an, und von den Männern sprach keiner. Er zahlte und wollte schon das Café verlassen, als ihm eine Stimme nachrief: »Son! Heda, Son!«

Er wandte sich um, und der Mann an der Ecke hatte den Zeigefinger gekrümmt und nickte ihm zu. Er hatte das Gesicht aus dem Bierseidel gehoben und sah plötzlich sehr glücklich aus. Der Mann war groß und bleich und hatte eine lange Nase und ausgeblichenes apfelsinenfarbenes Haar.

»Heda, Son!«

Der Junge ging zu ihm. Er war etwa zwölf Jahre alt, aber im Wachstum zurückgeblieben, und wegen der Last seiner Zeitungstasche war die eine Schulter hinaufgezogen. Sein Gesicht war platt und von Sommersprossen übersät; seine Augen waren runde Kinderaugen.

»Ja, Mister?«

Der Mann legte die eine Hand auf die Schulter des Zeitungsjungen, fasste ihm dann unters Kinn und drehte sein Gesicht langsam von einer Seite auf die andre. Der Junge zuckte verlegen zurück: »Heh! Was woll'n Sie denn von mir?«

Die Stimme des Jungen war schrill; es wurde auf einmal ganz still im Café.

Der Mann sagte langsam: »Ich liebe dich!«

Alle Männer an der Bar lachten los. Der Junge, der ihm mit finsterem Gesicht ausgewichen war, wusste nicht, was er tun sollte. Er blickte über die

Bartheke hinweg zu Leo, und Leo beobachtete ihn mit einem verdrossenen, brüchigen Grinsen. Der Junge versuchte auch zu lachen. Aber der Mann sah ernst und traurig aus.

»Ich wollte dich nicht foppen, Son«, sagte er. »Setz dich und trink ein Bier mit mir. Ich muss dir was erklären!«

Vorsichtig und mit einem Seitenblick versuchte der Junge, die Männer an der Bar zu mustern, um herauszufinden, was er tun solle. Aber sie hatten sich wieder ihrem Bier oder ihrem Frühstück zugewandt und kümmerten sich nicht um ihn. Leo stellte eine Tasse Kaffee und ein Kännchen Sahne auf die Bartheke. »Er ist minderjährig«, sagte er.

Der Zeitungsjunge zog sich auf den Barschemel. Sein Ohr unter der hochgestellten Ohrenklappe war sehr klein und rot. Der Mann nickte ihm ernst zu. »Es ist etwas Wichtiges«, sagte er. Dann fasste er in die hintere Hosentasche und zog etwas heraus; er hielt es dem Jungen zum Betrachten hin.

»Schau es dir genau an!«, sagte er.

Der Junge blickte hin, konnte aber nichts entdecken, was man genau anschauen müsste. Der Mann hielt eine Fotografie in seiner großen, schmuddligen Handfläche. Es war das Gesicht einer Frau, aber verschwommen, so dass nur ihr Hut und das Kleid, das sie trug, scharf hervortraten.

»Siehst du's?«, fragte der Mann.

Der Junge nickte, und der Mann steckte sich eine andere Fotografie in die Handfläche. Hier stand die Frau in einem Badeanzug am Strand. Durch den Badeanzug zeichnete sich der Bauch sehr ab, und das war das Einzige, was einem auffiel.

»Hast du's genau angeschaut?«

Er beugte sich vor und fragte schließlich: »Hast du sie schon mal gesehen?«

Der Junge saß still und rührte sich nicht, sondern blickte nur schräg aus den Augenwinkeln auf den Mann: »Ich glaube nicht.«

»Aha!« Der Mann blies auf die Fotos und steckte sie wieder in die Tasche. »Das war meine Frau.«

»Ist sie tot?«, fragte der Junge.

Der Mann schüttelte langsam den Kopf. Er spitzte den Mund, als ob er pfeifen wollte, und antwortete mit einem langgedehnten: »Naaaain! Ich werd's dir erklären.«

Das Bier in dem großen braunen Seidel stand vor dem Mann auf der Bartheke. Er hob es nicht auf, als er trinken wollte. Stattdessen beugte er sich herunter, legte das Gesicht auf den Rand und ließ es dort, wie um auszuruhen. Dann kippte er das Seidel mit beiden Händen ein wenig vor und schlürfte.

»Eines schönen Abends wirst du mit deiner großen Nase im Seidel einschlafen und ersaufen«, sagte

Leo. »Berühmter Durchreisender ertrinkt im Bier. Das wäre ein flotter Tod!«

Der Zeitungsjunge versuchte Leo ein Zeichen zu machen. Während der Mann nicht hinsah, verzog er das Gesicht, bewegte stumm die Lippen und fragte: »Besoffen?« Aber Leo zog nur die Augenbrauen in die Höhe, drehte sich um und legte ein paar rosa Speckstreifen auf den Grill. Der Mann schob das Seidel weg, richtete sich auf und faltete seine schlaffen, verkrümmten Hände auf der Bartheke. Sein Gesicht war traurig, als er den Zeitungsjungen ansah. Die Lider zwinkerten nicht, aber von Zeit zu Zeit schlossen sie sich zart und schwer über den blassgrünen Augen.

Draußen graute der Morgen, und der Junge verschob das Gewicht seiner Zeitungstasche.

»Ich will von der Liebe sprechen«, sagte der Mann. »Bei mir ist sie ein System.«

Der Junge rutschte halb vom Barschemel herunter. Aber der Mann hob den Zeigefinger, und er hatte etwas an sich, das den Jungen festhielt, so dass er nicht fortgehen konnte.

»Vor zwölf Jahren habe ich mich mit der Frau auf der Fotografie verheiratet. Ein Jahr, neun Monate, drei Tage und zwei Nächte war sie meine Frau. Ich habe sie geliebt. Ja...«

Er straffte seine undeutliche, schwankende Stimme und wiederholte: »Ich habe sie geliebt. Und ich glaubte, dass sie mich auch liebte. Sie hatte ein behagliches, schönes Heim. Nie kam mir der Gedanke, sie könne nicht zufrieden sein. Aber weißt du, was dann geschah?«

»Miiiiau!«, machte Leo.

Der Mann wandte die Augen nicht vom Gesicht des Jungen ab. »Sie hat mich verlassen. Eines Abends kam ich heim, und das Haus war leer, und sie war fort. Sie hat mich verlassen.«

»Mit einem andern?«, fragte der Junge.

Der Mann legte seine Handfläche sachte auf die Bartheke. »Das ist wohl selbstverständlich, Son! Frauen laufen nie alleine fort.«

Das Café war still, und draußen auf der Straße fiel dunkel und unaufhörlich der sanfte Regen. Leo drückte den brutzelnden Speck mit den Zinken seiner langen Gabel herunter: »Und seit elf Jahren jagen Sie also dem Weibsbild nach, Sie abgeklapperter alter Knabe!«

Der Mann blickte zum ersten Mal auf Leo: »Bitte nicht so ordinär! Außerdem habe ich gar nicht mit Ihnen gesprochen.« Er wandte sich wieder an den Jungen und sagte vertraulich und mit heimlicher, gedämpfter Stimme: »Um den kümmern wir uns gar nicht! Einverstanden?«

Der Zeitungsjunge nickte unsicher.

»Es war nämlich so«, fuhr der Mann fort. »Ich bin ein sehr gefühlvoller Mensch. Mein Leben lang hat immer irgendetwas großen Eindruck auf mich gemacht: Mondschein – ein schönes Mädchenbein – immer eins nach dem andern. Aber der Witz ist nun der: Wenn ich irgendetwas genossen hatte, dann überkam mich ein merkwürdiges Gefühl, als ob es lose in mir herumliege. Nichts schien sich bis zu Ende abzurollen, nichts schien zu den andern Dingen zu passen. Frauen? Von denen hatte ich mein Teil. Es war das Gleiche. Hinterher lagen sie lose in mir herum. Ich war ein Mensch, der nie geliebt hatte.« Sehr langsam schloss er die Augenlider, und es war, wie wenn sich im Theater am Schluss eines Auftritts der Vorhang senkt. Als er wieder sprach, war seine Stimme erregt, und die Worte überstürzten sich, und an seinen großen, schlaffen Ohren zitterten die Ohrläppchen.

»Dann begegnete ich jener Frau. Ich war einundfünfzig, und sie war dreißig. Ich traf sie an einer Tankstelle, und nach drei Tagen waren wir verheiratet. Und weißt du, wie das war? Ich kann's dir gar nicht beschreiben. Alles, was ich je empfunden hatte, sammelte sich um jene Frau. Nichts lag mehr lose in mir herum: Durch sie kam alles in Ordnung.«

Der Mann brach plötzlich ab und rieb sich die lange Nase. Seine Stimme klang leiser und gleichmäßig vorwurfsvoll. »Ich erkläre es nicht ganz richtig. Es war vielmehr so: Die schönen Gefühle und die kleinen Freuden lagen lose in mir herum. Und die Frau war für meine Seele so etwas wie ein laufendes Band. Ich ließ die losen Teilchen meines Selbst durch sie hindurchlaufen, und heraus kam ich als Ganzes. Verstehst du mich jetzt?«

»Wie hieß sie?«, fragte der Junge.

»Oh«, sagte er, »ich nannte sie Dodo. Aber das gehört nicht hierher.«

»Haben Sie versucht, sie zurückzuholen?«

Der Mann schien nicht hinzuhören. »Unter solchen Umständen kannst du dir wohl vorstellen, wie mir zumute war, als sie mich verließ.«

Leo nahm den Speck vom Grill und legte zwei Streifen zwischen ein Brötchen. Er hatte ein graues Gesicht mit Schlitzaugen und einer mickrigen Nase, in deren Buchten bläuliche Schatten saßen. Einer von den Arbeitern verlangte nochmals Kaffee, und Leo schenkte ihm ein. Er goss nie umsonst nach. Die Spinnereiarbeiter nahmen jeden Morgen ihr Frühstück bei ihm ein, aber je besser Leo seine Kunden kannte, umso geiziger behandelte er sie. An seinem eigenen Brötchen knabberte er auch herum, als ob er sich's nicht einmal selber gönnte.

»Und Sie haben sie nie wieder erwischt?«

Der Junge wusste nicht, was er von dem Mann

halten sollte, und in seinem Kindergesicht stritten sich Neugier und Zweifel. Er war noch ein Neuling auf seiner Zeitungsrunde, und er fand es immer noch seltsam, in der merkwürdigen, dunklen Morgenfrühe unterwegs zu sein.

»Nein«, sagte der Mann. »Ich unternahm allerhand Schritte, um sie wiederzubekommen. Ich reiste umher und versuchte, sie aufzustöbern. Ich fuhr nach Tulsa, wo sie Verwandte hatte. Und nach Mobile. Ich reiste in jede Stadt, die sie je erwähnt hatte, und ich spürte jedem Mann nach, mit dem sie früher bekannt war. Tulsa. Atlanta, Chicago, Cheehaw, Memphis … Fast zwei Jahre lang jagte ich im Land umher und versuchte sie zu erwischen.«

»Aber das Pärchen war vom Erdboden verschwunden«, sagte Leo.

»Hör nicht auf ihn«, sagte der Mann vertraulich. »Und denk auch nicht mehr an die zwei Jahre. Sie waren nicht wichtig. Wichtig ist, dass mir im dritten Jahr etwas Sonderbares widerfuhr.«

»Was denn?«, fragte der Junge.

Der Mann beugte sich vor und kippte das Seidel etwas schräg, um einen Schluck Bier zu schlürfen. Aber seine Nasenflügel zitterten leise, als er an dem schalen Bier roch, und er trank nicht. »Jedenfalls ist die Liebe etwas sehr Sonderbares. Zuerst dachte ich nur daran, sie wiederzubekommen. Es war wie eine

Zwangsvorstellung. Und dann versuchte ich allmählich, mich an sie zu erinnern. Aber kannst du dir vorstellen, was mir passierte?«

»Nein«, antwortete der Junge.

»Wenn ich mich aufs Bett legte und versuchte, an sie zu denken, dann war mein Kopf plötzlich vollkommen leer. Ich konnte sie nicht sehen. Ich holte ihre Bilder hervor und betrachtete sie. Es nützte nichts. Völlige Leere. Kannst du dir so was vorstellen?«

»Heda, Mac!«, rief Leo einem Mann weiter unten an der Bar zu. »Kannst du dir so was vorstellen? Der Dummbart hat nichts im Kopf!«

Langsam, als verscheuche er eine Fliege, fuhr die Hand des Mannes durch die Luft. Seine grünen Augen hefteten sich gespannt auf das flache kleine Gesicht des Zeitungsjungen.

»Doch plötzlich bei einer Glasscherbe auf dem Bürgersteig – oder bei einem Schlager aus einem Musikautomaten – oder bei einem Schatten des Nachts auf der Mauer: Da konnte ich mich an sie erinnern. Vielleicht geschah's auf der Straße; dann weinte ich oder schlug mit dem Kopf gegen einen Laternenpfahl. Verstehst du das?«

»Bei einem Stück Glas …?«, fragte der Junge.

»Bei allem möglichen. Ich schlenderte umher, und es stand nicht in meiner Macht, wann und wie ich mich an sie erinnerte. Du meinst sicher, man könnte sich mit einer Art Schild dagegen schützen. Aber die Erinnerung kommt nie von vorne auf einen zu – sie kommt seitlich um die Ecke. Allem, was ich sah und hörte, war ich gewissermaßen ausgeliefert. Anstatt dass ich die Gegend nach ihr abjagte, begann sie mich plötzlich in meiner Seele herumzujagen. *Sie* jagte *mich*, denk bloß an! Und in meiner Seele.«

Schließlich fragte der Junge: »In welchem Staat waren Sie damals?«

»Ach«, ächzte der Mann, »ich war richtig krank. Als hätt ich die Windpocken. Ich muss gestehen, Son, dass ich zu saufen anfing. Und herumhurte. Ich beging jede Sünde, die mir in den Sinn kam. Es widert mich an, das zu gestehen, aber ich tu's trotzdem. Wenn ich mich an jene Zeit erinnere, stockt mir das Denken – es war so furchtbar!«

Der Mann beugte den Kopf vornüber und schlug mit der Stirn auf die Bartheke. Ein paar Sekunden lang blieb er so: Der Nacken seines sehnigen Halses war mit apfelsinenfarbenen Stoppeln bedeckt, und die Hände mit den langen, verkrümmten Fingern hielt er Handfläche gegen Handfläche, wie im Gebet. Dann richtete der Mann sich wieder auf; er lächelte, und plötzlich war sein Gesicht hell und erregt und alt.

»Im fünften Jahr war's, dass es mir widerfuhr«, sagte er. »Und damit begann mein System.«

Leos Mund sprang in flüchtigem, blassem Grinsen auf. »Keiner von uns wird jünger«, sagte er. Dann zerknüllte er in jähem Ärger ein Geschirrtuch und schleuderte es auf den Fußboden. »Sie liederlicher alter Schürzenjäger!«

»Was kam dann?«, fragte der Junge.

Die Stimme des alten Mannes war hell und klar. »Der Frieden«, antwortete er.

»Mm?«

»Es ist nicht so leicht, dir das wissenschaftlich zu erklären, Son«, sagte er. »Ich vermute, logisch lässt es sich so erklären, dass sie und ich so lange voreinander fortrannten, bis wir ganz verstrickt waren und uns hinlegten und es aufgaben. Frieden. Eine sonderbare und schöne Leere. In Portland war es Frühling, und es regnete jeden Nachmittag. Den ganzen Abend blieb ich im Dunkeln auf meinem Bett liegen. Und so erwarb ich mir mein System.«

Die Fenster draußen spiegelten das blassblaue Licht. Die beiden Soldaten bezahlten ihr Bier und öffneten die Tür; der eine kämmte sich das Haar und wischte sich den Schmutz von den Wickelgamaschen, ehe er nach draußen ging. Die drei Spinnereiarbeiter beugten sich stumm über ihr Frühstück. An der Wand tickte Leos Uhr.

»Es ist so. Und hör jetzt gut zu! Ich hab über die Liebe meditiert und alles herausgefunden. Ich hab begriffen, was wir falsch machen. Ein Mann verliebt sich zum ersten Mal. Und in was verliebt er sich?«

Der weiche Mund des kleinen Jungen stand etwas offen; er gab keine Antwort.

»In eine Frau«, sagte der alte Mann. »Ohne System, ohne die geringste Anleitung wagt sich der Mann an das gefährlichste und heiligste Erlebnis auf Gottes Erde. Er verliebt sich in eine Frau. Hab ich recht, Son?«

»Ja«, sagte der Junge leise.

»Aber sie fangen die Liebe am falschen Ende an. Sie fangen beim Höhepunkt an. Kann man sich da wundern, dass es unglücklich ausgeht? Weißt du, wie die Menschen lieben sollten?«

Der alte Mann packte den Zeitungsjungen beim Kragen seiner Lederjacke und schüttelte ihn ganz sachte, während seine grünen Augen ernst und ohne zu zwinkern auf ihn niederschauten.

»Son, weißt du, wie Liebe anfangen sollte?«

Der Junge saß ganz klein und still da und hörte zu. Er schüttelte langsam den Kopf. Der alte Mann beugte sich näher heran und flüsterte:

»Ein Baum. Ein Felsen. Eine Wolke.«

Auf der Straße draußen regnete es immer noch. Ein milder, grauer, unaufhörlicher Regen. Die Fabriksirene pfiff zum Schichtwechsel, und die drei Spinnereiarbeiter zahlten und gingen. Nun war niemand mehr im Café außer Leo, dem alten Mann und dem kleinen Zeitungsjungen.

»In Portland war das Wetter so wie heute«, erzählte der alte Mann. »Damals fing ich mit meinem System an. Ich meditierte, und ich ging ganz behutsam vor. Ich brachte irgendetwas von der Straße mit nach Hause. Ich kaufte einen Goldfisch und konzentrierte mich auf den Goldfisch und liebte ihn. Und so stieg ich von einer Stufe zur nächsten. Tag für Tag habe ich mich darin geübt. Auf dem Weg von Portland nach San Diego ...«

»Ach, hör schon auf!«, schrie Leo plötzlich. »Hör auf! Hör schon auf!«

Der alte Mann hielt den Jungen noch immer beim Jackenkragen gepackt. Er zitterte, und sein Gesicht war ernst und leuchtete wild.

»Sechs Jahre bin ich nun ganz allein herumgezogen und hab mein System. Und jetzt bin ich darin ein Meister geworden, Son! Ich kann alles lieben. Ich brauche nicht mal mehr darüber nachzudenken. Ich sehe eine Straße mit vielen Menschen, und ein schönes Licht erfüllt mich. Ich beobachte einen Vogel in den Lüften. Oder ich begegne einem Wanderer auf der Landstraße – einerlei, was, Son, und einerlei, wer es ist. Alles ist fremd, und alles liebe ich. Begreifst du, was ein System wie meins bedeuten kann?«

Der Junge saß steif da. Die Hände hatte er um den Rand der Bartheke geklammert. Schließlich fragte er: »Haben Sie die Dame noch gefunden?«

»Wie? Was hast du gesagt, Son?«

»Ich meinte«, sagte der Junge schüchtern, »ob Sie sich wieder in eine Frau verliebt haben?«

Der alte Mann ließ den Kragen des Jungen los. Er wandte sich ab, und zum ersten Mal stand in seinen grünen Augen ein unsicherer und wirrer Ausdruck. Er hob das Seidel von der Theke und kippte das gelbe Bier hinunter. Er schüttelte sehr langsam den Kopf. Dann endlich antwortete er: »Nein, Son! Das wäre nämlich der letzte Schritt in meinem System. Ich gehe aber behutsam vor. Und so weit bin ich noch nicht.«

»So was!«, sagte Leo. »So was! So was!«

Der alte Mann stand in der offenen Tür. »Vergiss es nicht«, sagte er. Im feuchten grauen Licht der ersten Morgenfrühe sah er eingeschrumpft und schäbig und gebrechlich aus. Aber sein Lächeln war strahlend. »Vergiss es nicht, dass ich dich liebe«, sagte er und nickte noch ein letztes Mal. Und die Tür fiel leise hinter ihm ins Schloss.

Lange Zeit sagte der Junge kein Wort. Er zupfte an den Haarsträhnen, die ihm in die Stirn hingen, und fuhr mit dem schmutzigen kleinen Zeigefinger um den Rand seiner leeren Tasse. Dann fragte er endlich, ohne Leo anzusehen: »War er betrunken?«

»Nein«, antwortete Leo knapp.

Der Junge hob die Stimme: »Dann war er wohl einer, der Rauschgift nimmt?«

»Nein.«

Der Junge blickte zu Leo auf, und sein flaches Gesichtchen war ratlos, und die Stimme war hartnäckig und schrill: »War er denn verrückt? Glauben Sie, dass er wahnsinnig ist?« Und in jähem Zweifel ließ der Zeitungsjunge die Stimme sinken: »Leo? Oder was sonst?«

Aber Leo antwortete ihm nicht. Vierzehn Jahre lang hatte er das kleine Nachtcafé gehabt, und er war überzeugt, dass er sich auskannte, was Verrücktheit betraf. Aus der Stadt kamen sie, oder auch Durchreisende, die nachts hier auftauchten. Er kannte den Wahn jedes Einzelnen von ihnen. Aber die Fragen des wartenden Kindes wollte er nicht beantworten. Er verkniff sein bleiches Gesicht und schwieg.

Der Junge zog die rechte Ohrenklappe seines Sturzhelms herunter, und als er sich zum Gehen wandte, machte er eine Bemerkung – die einzige, die ihm geheuer schien, die einzige, derentwegen ihn keiner auslachen und verachten konnte: »Bestimmt ist er weit herumgekommen.«

Der Nomade

Die Dämmergrenze zwischen Schlaf und Wachen lief am heutigen Morgen durch Rom: plätschernde Springbrunnen und überwölbte, enge Straßen, verschwenderische goldene Stadt der Blütenfülle und des altersmilden Steins. Manchmal auch in solchem Dämmerzustand weilte der Nomade wieder in Paris oder in deutschen Kriegsruinen oder beim Schweizer Skilauf und in Schneehotels. Oder auf einem Brachfeld in Georgia, im Morgengrauen vor der Jagd. Rom war's am heutigen Morgen – im jahreszeitlosen Reich der Träume.

John Ferris erwachte in einem Hotelzimmer in New York. Er hatte ein Gefühl, als erwarte ihn etwas Unangenehmes – was, das vermochte er nicht zu sagen. Das Gefühl, das vor den Erfordernissen der Morgentoilette etwas zurücktrat, wirkte noch nach, als er fertig angekleidet nach unten ging. Es war ein wolkenloser Herbsttag, und pastellfarbene Wolkenkratzer zerschnitten das blasse Sonnenlicht. Ferris ging in den Drugstore nebenan und setzte sich in die letzte Nische beim Fenster. Er bestellte ein amerikanisches Frühstück mit Rührei und Würstchen.

Ferris war aus Paris herübergekommen – zur Beerdigung seines Vaters, die vor einer Woche in seiner Vaterstadt in Georgia stattgefunden hatte. Durch die Erschütterung angesichts des Todes war er sich bewusst geworden, dass die Jugendzeit vorbei war. Sein Haar lichtete sich; die hervorstehenden Adern an den jetzt schütteren Schläfen pochten, und sein Körper war bis auf den Ansatz zu einem Bauch ausgesprochen hager. Ferris hatte seinen Vater geliebt, und die zwischen ihnen bestehende Bindung war einst außergewöhnlich eng gewesen; doch irgendwie hatten die Jahre seine Sohnesliebe verkümmern lassen, und nun hatte der Tod – obwohl seit langem erwartet – ihn mit einer unvorhergesehenen Bestürzung erfüllt. Er war so lange wie möglich geblieben, um seiner Mutter und den Brüdern zu Hause nahe zu sein. Sein Flugzeug nach Paris sollte am nächsten Morgen starten.

Ferris holte sein Adressbuch hervor, um eine Nummer festzustellen. Mit zunehmender Aufmerksamkeit blätterte er die Seiten um. Namen und Adressen aus New York, aus den Hauptstädten Europas, ein paar verblasste aus seinem Heimatstaat im Süden. Verblasste Buchstaben in Druckschrift, krakelige, betrunkene. Betty Wills: ein Zufallsliebchen, jetzt verheiratet. Charlie Williams: verwundet im Hürtgenwald, seither nichts mehr von ihm gehört. Der prächtige alte Williams – ob er lebte oder ob er gestorben war? Don Walker: ein Bonze beim Fernsehen, der zu Geld kam. Henry Green: nach dem Krieg auf die schiefe Ebene geraten, soll jetzt in einem Sanatorium sein. Cozie Hall: Die sollte ja tot sein, wie er gehört hatte. Die unbekümmerte, lachende Cozie – seltsamer Gedanke, dass auch sie, eine dumme Kleine, sterben konnte. Als Ferris das Adressbuch zuklappte, wehte es ihn an wie Unbeständigkeit, wie Vergänglichkeit, fast wie Furcht.

Und gerade da fuhr er plötzlich zusammen. Er hatte aus dem Fenster gestarrt, und draußen, auf dem Bürgersteig, kam Elizabeth, seine geschiedene Frau, vorbei. Sie kam ziemlich dicht an ihm vorbei und ging langsam. Er konnte den wilden Aufruhr seines Herzens nicht verstehen, auch nicht das darauffolgende Gefühl von Leichtsinn und Zuneigung, das noch anhielt, nachdem sie fort war.

Rasch zahlte Ferris seine Rechnung und stürzte auf den Bürgersteig hinaus. Elizabeth stand an der Straßenecke und wartete, um die Fifth Avenue zu überqueren. Mit der Absicht, sie zu sprechen, eilte er auf sie zu, doch die Lichtsignale wechselten, ehe er sie erreicht hatte, und sie ging über die Straße.

Ferris folgte ihr. Auf der andern Seite hätte er sie mühelos einholen können, entdeckte aber, dass er seltsamerweise zauderte. Ihr schönes braunes Haar trug sie schlicht aufgerollt, und während er ihr nachsah, fiel ihm ein, dass sein Vater einst gesagt hatte, Elizabeth ›hielte sich so gut‹. Sie bog um die nächste Straßenecke, und Ferris folgte ihr, obwohl die Absicht, sie einzuholen, inzwischen verflogen war. Die körperliche Erregung, die ihr Anblick in ihm ausgelöst hatte, die feuchten Hände und das starke Herzklopfen stimmten ihn nachdenklich.

Vor acht Jahren hatte Ferris seine einstige Frau zum letzten Mal gesehen. Er wusste, dass sie längst wieder verheiratet war. Und sie hatte Kinder bekommen. Während der letzten Jahre hatte er selten an sie gedacht. Doch zuerst, nach der Scheidung, hatte ihr Verlust ihn fast zugrunde gerichtet. Dann hatte die Zeit seinen Schmerz gestillt, und er hatte wieder geliebt, und dann abermals. Jetzt war es Jeannine. Bestimmt war die Liebe zu seiner einstigen Frau längst erloschen. Warum also die körperliche Erregung, die seelische Erschütterung? Er begriff nur, dass sein umwölktes Herz in einem seltsamen Missklang zu dem sonnigen, klaren Herbsttag stand. Ferris schwenkte jäh um, und mit langen Schritten, ja, beinahe rennend, eilte er in sein Hotel zurück.

Ferris schenkte sich einen Drink ein, obwohl es

noch nicht elf Uhr war. Wie ein Erschöpfter lag er hingegossen in einem Sessel und umklammerte sein Glas Bourbon mit Wasser. Er hatte noch einen ganzen Tag vor sich, da er erst am nächsten Morgen mit dem Flugzeug nach Paris zurückkehrte. Er zählte sich auf, was er noch zu tun hatte: das Gepäck zur Air France bringen, mit seinem Chef zu Mittag essen, Schuhe und einen Mantel kaufen. Und noch etwas – war's nicht noch etwas gewesen? Ferris trank sein Glas leer und schlug das Telefonbuch auf.

Der Entschluss, seine einstige Frau anzurufen, kam unvermittelt. Die Nummer stand unter Bailey, dem Namen ihres Mannes, und er rief an, ehe er Zeit hatte, mit sich zu Rate zu gehen. Er und Elizabeth hatten zu Weihnachten Glückwunschkarten ausgetauscht, und als Ferris ihre Vermählungsanzeige erhielt, hatte er ihr ein Tranchierbesteck geschickt. Es bestand kein Grund, sie nicht anzurufen. Aber als er das Läuten am andern Ende der Leitung hörte und wartete, quälten ihn Befürchtungen. Elizabeth antwortete; ihre vertraute Stimme bedeutete eine neue Erschütterung. Zweimal musste er seinen Namen wiederholen, aber als sie ihn erkannt hatte, schien sie sich zu freuen. Er erklärte ihr, dass er nur den einen Tag in der Stadt sei. Sie hätten Theaterkarten, sagte sie – aber könnte er vielleicht zu einem frühen Abendessen kommen? Ferris sagte mit Freuden zu.

Während er eine Besorgung nach der andern erledigte, bedrückte ihn in ausgefallenen Augenblicken immer wieder das Gefühl, etwas Wesentliches vergessen zu haben. Am Spätnachmittag badete er und zog sich um, wobei er oft an Jeannine dachte: Nächste Nacht würde er bei ihr sein. ›Jeannine‹, würde er sagen, ›in New York habe ich zufällig meine einstige Frau getroffen. Hab mit ihr gegessen. Und mit ihrem Mann, natürlich. Es war eigentümlich, sie nach all den Jahren wiederzusehen.‹

Elizabeth wohnte auf der Ostseite in einer von den Fünfziger Straßen, und als Ferris im Taxi hinfuhr, erhaschte er an den Kreuzungen einen Blick auf die langsam sinkende Sonne; doch bis er sein Ziel erreicht hatte, war es schon herbstlich dunkel. Das Haus war ein Gebäude mit Sonnensegel über der Vorfahrt und mit einem Portier; die Wohnung lag im siebenten Stock.

»Kommen Sie bitte rein, Mr. Ferris!«

Ferris war auf Elizabeth oder sogar auf den ihm unbekannten Ehemann eingestellt und wunderte sich daher über das sommersprossige, rothaarige Kind. Er hatte gewusst, dass Kinder da waren, doch irgendwie hatte er ihnen keinen Platz in seinem Denken gegönnt. Vor Überraschung trat er verlegen einen Schritt zurück.

»Sind Sie nicht Mr. Ferris?«, fragte das Kind höflich. »Ich bin Billy, und hier ist unsre Wohnung. Kommen Sie doch rein!«

Der Ehemann im Wohnzimmer jenseits des Flurs stellte eine zweite Überraschung dar: Auch ihn hatte er noch nicht gefühlsmäßig anerkannt. Bailey war ein schwerfälliger rothaariger Mann von bedächtigem Wesen. Er erhob sich und hieß ihn mit ausgestreckter Hand willkommen.

»Bill Bailey. Freut mich, Sie kennenzulernen. Elizabeth kommt auch gleich. Sie zieht sich nur fertig an.«

Seine letzten Worte lösten eine Reihe vorbeifließender Bilder aus: Erinnerungen an frühere Jahre. Die hübsche Elizabeth vor ihrem Bad, rosig und nackt. Halb angekleidet vor dem Spiegel ihres Frisiertisches, das schöne kastanienbraune Haar bürstend. Süße, selbstverständliche Vertrautheit, liebliches weiches Fleisch in unangefochtenem Besitz. Ferris schrak zurück vor den unerbetenen Erinnerungen und zwang sich, Bill Baileys Blick zu begegnen.

»Billy, hole doch bitte das Tablett mit den Drinks vom Küchentisch!«

Der Junge gehorchte sofort, und als er gegangen war, bemerkte Ferris im Plauderton: »Sie haben einen netten Jungen!«

»Das finden wir auch.«

Ein flaues Schweigen, bis der Junge ein Tablett mit Gläsern und einen Cocktail-Shaker mit Martinis anbrachte. Unter dem Einfluss des Alkohols belebte sich die Unterhaltung: Sie sprachen von Russland, von der New Yorker Kritik und von der Wohnungsfrage in Manhattan und in Paris.

»Mr. Ferris fliegt morgen die ganze Strecke über den Atlantik«, sagte Bailey zu dem kleinen Jungen, der ruhig und brav auf der Armlehne seines Sessels thronte. »Sicher möchtest du als blinder Passagier in seinem Koffer mitreisen!«

Billy strich sich die schlaffen Haarsträhnen aus der Stirn. »Ich möchte in einem Flugzeug fliegen und so ein Zeitungsmann wie Mr. Ferris sein.« Und sehr überzeugt schloss er plötzlich: »Ja, das möcht ich, wenn ich groß bin!«

Bailey entgegnete: »Ich dachte, du wolltest Arzt werden?«

»Will ich auch«, sagte Billy. »Ich möchte beides werden. Ich möchte auch Atomforscher werden.«

Elizabeth kam ins Zimmer, auf dem Arm ein kleines Mädchen. »O John!«, rief sie. Das Baby setzte sie dem Vater auf den Schoß. »Es ist fein, dich wiederzusehen! Ich freue mich schrecklich, dass du gekommen bist!«

Das kleine Mädchen saß artig auf Baileys Knien. Es trug ein rosa Crêpe-de-Chine-Kleidchen mit rosenrot gesmoktem Oberteil, dazu ein passendes seidenes Haarband, das die hellen weichen Locken zurückhielt. Die Haut war sommerlich gebräunt, und die braunen Augen waren goldgesprenkelt und lachten. Als es das Ärmchen ausstreckte und seines Vaters Hornbrille betastete, nahm er sie ab und ließ es einen Augenblick hindurchschauen. »Was macht mein Zuckerstengel?«

Elizabeth war wunderschön, vielleicht noch viel schöner, als ihm je zu Bewusstsein gekommen war. Ihr glattes, seidiges Haar schimmerte. Ihr Gesicht war sanfter, leuchtend und gelassen. Es war eine Madonnenschönheit, bedingt durch den häuslichen Kreis. »Du hast dich beinah gar nicht verändert«, sagte Elizabeth, »und doch ist es so lange her!«

»Acht Jahre sind's!« Seine Hand tastete verlegen über sein schütteres Haar, während sie weitere freundliche Redensarten wechselten.

Ferris empfand sich plötzlich als Zuschauer, als Eindringling bei diesen Baileys. Warum war er hergekommen? Er litt. Sein eigenes Leben erschien ihm so einsam, eine letzte morsche Säule inmittten der Trümmer seiner Lebensjahre, die nichts und niemanden stützte. Er glaubte es nicht mehr lange in dem Familienzimmer aushalten zu können.

Er sah auf seine Uhr. »Ihr geht also ins Theater?«

»Ja, es ist zu schade«, sagte Elizabeth, »aber wir

hatten es schon vor mehr als einem Monat verabredet. Aber du, John – du wirst doch bestimmt eines Tages mal – in absehbarer Zeit – endgültig heimkommen? Du willst doch nicht ewig ein Heimatloser bleiben, nicht wahr?«

»Ein Heimatloser?«, wiederholte Ferris. »Das Wort gefällt mir nicht sehr.«

»Weißt du ein besseres?«, fragte sie.

Er dachte einen Augenblick nach. »Vielleicht würde ›Nomade‹ besser passen.«

Ferris blickte wieder auf seine Uhr, und Elizabeth entschuldigte sich noch einmal. »Wenn wir's nur rechtzeitig gewusst hätten ...«

»Ich hatte nur diesen einen Tag für die Stadt. Ich musste unerwartet heimfahren. Papa ist nämlich vorige Woche gestorben.«

»Papa Ferris ist gestorben?«

»Ja, in der Johns-Hopkins-Klinik. Er hat fast ein Jahr dort gelegen. Die Beerdigung war zu Hause in Georgia.«

»Ach, wie leid mir das tut, John! Papa Ferris stand mir immer ganz besonders nahe.«

Der kleine Junge kam hinter dem Sessel hervor, um seiner Mutter ins Gesicht zu schauen. »Wer ist gestorben?«, fragte er. Ferris vergaß seine Umgebung: Er dachte an seinen toten Vater. Er sah wieder auf der gepolsterten Seide des Sarges den Leichnam liegen. Das Fleisch der Leiche war grotesk rosig geschminkt; die vertrauten Hände lagen gefaltet und wie versteinert auf einer Rosendekoration. Die Erinnerung versank, und Ferris vernahm Elizabeths gelassene Stimme.

»Mr. Ferris' Vater, Billy. Ein wirklich großartiger Mensch. Jemand, den du nicht kennst.«

»Aber warum hast du ihn *Papa* Ferris genannt?«

Bailey und Elizabeth sahen sich ratlos an. Dann antwortete Bailey auf die Frage des Kindes. »Vor langer Zeit waren deine Mutter und Mr. Ferris miteinander verheiratet«, sagte er. »Bevor du geboren wurdest. Es ist sehr lange her.«

»Mr. Ferris?«

Der kleine Junge starrte Ferris betroffen und ungläubig an. Und auch Ferris' Augen waren irgendwie ungläubig, als er den Blicken standhielt. War es wirklich wahr, dass er diese Fremde, Elizabeth, in Liebesnächten einst ›molliges Lämmchen‹ genannt hatte? Dass sie zusammen gelebt und an die tausend Tage und Nächte geteilt hatten, um schließlich im Jammer jäher Einsamkeit mit anzusehen, wie das Gespinst ihrer ehelichen Liebe Faser um Faser durch Eifersucht und Alkohol und Geldstreitigkeiten zerstört wurde?

Bailey sagte zu den Kindern: »Jetzt ist's aber Abendbrotzeit! Los, kommt mit!«

»Aber Daddy! Mama und Mr. Ferris ... ich ...«

Billys unablässiger Blick – verblüfft und ein wenig feindselig – erinnerte Ferris an die Blicke eines andern Kindes: an den kleinen Sohn von Jeannine, einen siebenjährigen Jungen mit verschattetem Gesicht und höckerigen Knien, den Ferris mied und meistens vergaß.

»Nun aber – marsch!« Bailey schob Billy sanft zur Tür. »Sag jetzt gute Nacht, Jungchen!«

»Gute Nacht, Mr. Ferris!« Schmollend fuhr er fort: »Ich hab gedacht, ich dürfte für den Kuchen aufbleiben?«

»Für den Kuchen darfst du nachher wiederkommen«, sagte Elizabeth. »Lauf jetzt schnell mit Daddy, und iss schön!«

Ferris und Elizabeth waren allein. Die seltsame Situation drückte lähmend auf die ersten stummen Augenblicke. Ferris bat um Erlaubnis, sich noch ein Glas einzuschenken, und Elizabeth stellte den Cocktail-Shaker auf das Tischchen neben Ferris. Er sah auf den Flügel und gewahrte die Noten auf dem Pult.

»Spielst du immer noch so schön wie früher?«

»Noch ebenso gern.«

»Bitte spiel, Elizabeth!«

Elizabeth erhob sich sofort. Ihre Bereitwilligkeit, vorzuspielen, wenn sie darum gebeten wurde, hatte stets zu ihren liebenswertesten Seiten gehört: Nie hatte sie Umstände gemacht, nie Ausreden vorgebracht. Als sie jetzt zum Flügel trat, kam noch der Wunsch hinzu, die Situation zu überbrücken.

Sie begann mit Bach, mit einem Präludium und Fuge. Das Präludium war so heiter irisierend wie ein Prisma in einem morgenhellen Raum. Die erste Stimme der Fuge kündigte sich rein und herausgelöst an, gesellte sich dann zu einer zweiten und wiederholte sich schließlich innerhalb eines kunstvollen Rahmenwerks: Die vielfältige Musik strömte breit und gelassen in ruhevoller Majestät dahin. Das Hauptthema wurde mit zwei andern Stimmen verflochten und durch zahllose Einfälle ausgeschmückt. Bald vorherrschend und bald zurücktretend, besaß es die edle Überlegenheit eines Einzelwesens, das sich vor der Einordnung in ein Ganzes nicht scheut. Vor dem Finale verdichtete sich die Klangfülle zu einer letzten Verherrlichung und Betonung des dominierenden ersten Motivs, und mit Akkorden einer endgültigen Bestätigung schloss die Fuge. Ferris hatte den Kopf gegen die Rückenlehne seines Sessels gelegt und die Augen geschlossen. Durch die folgende Stille tönte eine klare, helle Stimme aus dem Zimmer jenseits des Flurs: »Daddy, wieso konnten Mama und Mr. Ferris …« Eine Tür wurde zugemacht.

Der Flügel begann von neuem: Aber was für eine Musik war das? Beziehungslos und doch vertraut hatte die glasklare Melodie schlafend in seinem Herzen gelegen. Jetzt sprach sie ihm von einer andern Zeit, einem andern Ort: Es war die Musik, die Elizabeth immer gespielt hatte. Die zarte Melodie weckte einen Schwarm von Erinnerungen. Ferris versank in einem Aufruhr vergangener Sehnsüchte, Konflikte und widerspruchsvoller Begierden. Merkwürdig, dass die Musik, der Nährboden dieses zügellosen Tumults, so gelassen und klar war. Die liedhafte Melodie wurde durch das Erscheinen des Hausmädchens unterbrochen.

»Miss Bailey, das Essen steht jetzt auf dem Tisch!«

Selbst nachdem Ferris bei Tisch saß, zwischen Hausherrn und Hausfrau, trübte die unvollendete Musik noch seine Stimmung. Er war nicht mehr ganz nüchtern.

»L'improvisation de la vie humaine«, sagte er. »Nichts bringt einem das Improvisierte des menschlichen Lebens so zu Bewusstsein wie ein unvollendetes Lied. Oder ein altes Adressbuch!«

»Ein Adressbuch?«, wiederholte Bailey, schwieg dann aber taktvoll und höflich.

»Du bist doch immer noch der alte, Johnny«, sagte Elizabeth mit einem Hauch ihrer einstigen Zärtlichkeit.

Es war ein Südstaatenessen, das es heute Abend gab, und obendrein sein Lieblingsgericht. Zum Brathuhn und dem Maisauflauf gab es lecker braunglasierte Süßkartoffeln. Während der Mahlzeit, wenn die Pausen zu lang wurden, hielt Elizabeth ein Gespräch in Gang. So fügte es sich, dass Ferris etwas von Jeannine erzählte.

»Ich habe Jeannine im vergangenen Herbst – etwa vor einem Jahr – in Italien kennengelernt. Sie ist Sängerin und hatte in Rom ein Engagement. Ich glaube, wir heiraten bald.«

Die Worte schienen so wahr und unvermeidlich, dass Ferris sich die Lüge zuerst gar nicht eingestand. Er und Jeannine hatten überhaupt nicht von Heirat gesprochen. Sie war ja auch noch verheiratet – mit einem weißrussischen Geldwechsler in Paris, von dem sie seit fünf Jahren getrennt lebte. Doch es war zu spät, die Lüge zu berichtigen. Elizabeth rief bereits: »Oh, das freut mich aber! Herzlichen Glückwunsch, Johnny!«

Er versuchte sich der Wahrheit wieder zu nähern. »Der römische Herbst ist so schön. Voller Duft und Blüten!« Er schloss: »Jeannine hat einen kleinen Jungen, einen sechsjährigen. Ein komisch dreisprachiger kleiner Bursche. Manchmal gehen wir zu den Tuilerien.«

Wieder eine Lüge! Er hatte den Jungen ein einziges Mal in den Park mitgenommen. Der bleiche fremdländische Junge in kurzen Hosen, die seine staksigen Beine frei ließen, hatte auf dem auszementierten Teich sein Schiffchen schwimmen lassen und war auf einem Pony geritten. Der Kleine wollte auch ins Kasperletheater gehen, doch dafür reichte die Zeit nicht, denn Ferris hatte eine Verabredung im Scribe-Hotel. Er hatte versprochen, an einem andern Nachmittag mit ihm zum Kasperle zu gehen. Nur das eine Mal hatte er Valentin zu den Tuilerien geführt.

Es entstand eine Unruhe. Das Mädchen brachte eine Torte mit weißem Guss und rosa Kerzen. Die Kinder erschienen im Schlafanzug. Ferris war noch immer nicht im Bilde.

»Herzlichen Glückwunsch zum Geburtstag, John!«, sagte Elizabeth. »Du darfst die Kerzen ausblasen!«

Ferris erinnerte sich an sein Geburtsdatum. Die Kerzen erloschen nur schwer, und es roch nach rauchenden Dochten. Ferris war achtunddreißig Jahre alt geworden. Die Adern an seinen Schläfen wurden sichtlich dunkler und pochten.

»Es wird Zeit, dass ihr ins Theater geht!«

Ferris dankte Elizabeth für das Geburtstagsmahl und verabschiedete sich auf die übliche Art. Die ganze Familie begleitete ihn bis an die Tür.

Ein schmaler Mond leuchtete hoch über den zackigen, düsteren Wolkenkratzern. Die Straßen waren zugig und kalt. Ferris eilte zur Third Avenue und winkte ein Taxi heran. Mit einer vorsätzlichen Aufmerksamkeit, wie man sie nur bei der Abreise oder beim endgültigen Abschied aufbringt, betrachtete er die nächtliche Stadt. Er war allein. Er sehnte sich nach der Stunde des Abflugs und nach der bevorstehenden Reise.

Am nächsten Tag blickte er aus der Luft auf die Stadt hinab, die im Sonnenlicht silbrig und spielzeugklein deutlich dalag. Dann blieb Amerika hinter ihm zurück, und nur der Atlantik war da und die ferne europäische Küste. Der Ozean lag milchig blass und still unter der Wolkendecke. Ferris schlummerte den größten Teil des Tages. Als die Dunkelheit anbrach, dachte er an Elizabeth und an den Besuch am Abend vorher. Mit Sehnsucht und leisem Neid und unerklärlicher Reue dachte er an Elizabeth inmitten ihrer Lieben. Er suchte nach der Melodie, nach der unvollendeten Weise, die ihn so aufgewühlt hatte. Der Rhythmus und ein paar unzusammenhängende Töne waren alles, was ihm geblieben war; die eigentliche Melodie entzog sich ihm. Stattdessen fand er die erste Stimme der Fuge, die Elizabeth gespielt hatte: Spöttisch versetzt und in Moll war sie wieder da. Über dem Ozean hangend, vermochten ihn die Ängste vor der Vergänglichkeit und Einsamkeit nicht länger zu beunruhigen, und mit Gleichmut dachte er an seines Vaters Tod. Während der Dinnerstunde erreichte das Flugzeug die französische Küste.

Um Mitternacht saß Ferris in einem Taxi und fuhr durch Paris. Es war eine bewölkte Nacht, und um die Laternen an der Place de la Concorde rankte sich der Nebel. Die mitternächtlichen Bistros glitzerten auf den nassen Bürgersteigen. Wie immer nach einem Transozeanflug, war der Wechsel von einem Kontinent zum andern zu jäh. Am Morgen in New York, um Mitternacht in Paris. Blitzartig gewahrte Ferris das Ungeordnete seines Lebens; die rasche Folge von Städten, von flüchtigen Liebschaften; und die Zeit, das unheimliche *glissando* der Jahre, immer die Zeit!

»*Vite! Vite!*«, rief er voller Entsetzen. »*Dépêchez-vous!*«

Valentin machte ihm die Tür auf. Der Kleine trug einen Schlafanzug und einen zu klein gewordenen roten Morgenrock. Seine grauen Augen waren verschleiert, und als Ferris die Wohnung betrat, flackerten sie auf.

»*J'attends maman!*«

Jeannine sang in einem Nachtklub. Vor einer

Stunde konnte sie nicht zu Hause sein. Valentin kehrte zu seiner Malerei zurück; mit seinen Buntstiften kauerte er über einem Blatt Papier auf dem Fußboden. Ferris sah auf die Zeichnung hinunter; es war ein Banjospieler, und wie auf den Witzstreifen stieg eine Blase mit Noten und Wellenlinien aus seinem Mund.

»Wir wollen wieder in die Tuilerien gehen!«

Der kleine Junge blickte auf, und Ferris zog ihn an sein Knie. Die Melodie, die unvollendete Weise, die Elizabeth gespielt hatte, fiel ihm plötzlich ein. Unvermutet war sie aufgetaucht und brachte ihm diesmal nur Wiedererkennen und Freude, während das Bedrückende der Erinnerung über Bord flog.

»Monsieur Jean«, fragte das Kind, »haben Sie ihn gesehen?«

Verwirrt dachte Ferris nur an das andere Kind – an den sommersprossigen, von seiner Familie geliebten Jungen. »Wen soll ich gesehen haben, Valentin?«

»Ihren toten Papa in Georgia.« Das Kind fügte hinzu: »War er okay?«

Ferris sprach rasch und eindringlich: »Wir wollen oft in die Tuilerien gehen. Ponyreiten und den Kasperle anschauen. Und zum Marionettentheater gehn und immer für alles Zeit haben.«

»Monsieur Jean«, sagte Valentin, »das Kasperletheater ist jetzt geschlossen.«

Wiederum Entsetzen, Erkenntnis vergeudeter Jahre und Tod. Valentin kuschelte sich noch in seine Arme, war anschmiegsam und zutraulich. Seine Wange berührte die weiche Kinderwange, und er spürte das Streicheln der feinen Wimpern. Voll innerer Verzweiflung presste er das Kind an sich – als ob ein so wandelbares Gefühl wie seine Liebe den Pulsschlag der Zeit beeinflussen könnte.

Ein häusliches Dilemma

Am Donnerstag verließ Martin Meadows sein Büro früh genug, um für die Heimfahrt den ersten Express-Autobus erreichen zu können. Es war um die Stunde, wenn in den schneenassen Straßen das fliederfarbene Abendlicht verblasste, doch bis dann der Bus von der Endstation in der Stadtmitte abfuhr, war schon alles funkelnde City-Nacht. An den Donnerstagen hatte das Dienstmädchen Ausgang, und da kehrte Martin gern so früh wie möglich heim, denn seit einem Jahr war seine Frau öfters – nicht wohl. Heute war er sehr müde und hoffte, dass ihn keiner der regelmäßig mitfahrenden Vortbewohner in ein Gespräch ziehen würde; deshalb heftete er den Blick auf die Zeitung, bis der Autobus die George-Washington-Brücke überquert hatte. Wenn sie erst einmal auf der Überlandstraße 9w waren, fand Martin immer, die Fahrt sei schon zur Hälfte überstanden, und er schöpfte tief Atem – selbst bei kalter Witterung, wenn nur Strahlen feiner Zugluft durch den Rauch des Wageninnern drangen – und war des festen Glaubens, er atme gute Landluft. Meistens pflegte er sich von dieser Stelle an zu entspannen und voller Freude an sein Heim zu denken. Doch im letzten Jahr war mit dem Näherkommen nur ein Gefühl der Spannung entstanden, und er freute sich nicht mehr auf das Ende der Fahrt. Heute Abend hielt Martin sein Gesicht dicht ans Fenster und beobachtete die kahlen Felder und die einsamen Lichter der vorüberfliegenden Ansiedlungen. Der Mond kam hervor und schien bleich auf die dunkle Erde und auf weite Strecken zaudernden, zerfressenen Schnees. Martin fand die Gegend heute Abend unendlich weit und verlassen. Kurz bevor es an der Zeit war, die Schnur zu ziehen, nahm er den Hut aus dem Netz und steckte die zusammengefaltete Zeitung in die Manteltasche.

Das Landhaus lag einen Block von der Haltestelle entfernt in der Nähe des Flusses, aber nicht gerade am Ufer; vom Wohnzimmerfenster aus konnte man über die Straße und gegen den gegenüberliegenden Garten blicken und dahinter den Hudson sehen. Das Haus war modern und schien fast neu und zu weiß auf dem schmalen Streifen Bauland. Im Sommer war der Rasen sanft und leuchtend, und Martin pflegte dann mit viel Liebe seine Blumenrabatten und seinen Rosenhag. Doch während der kalten, düsteren Monate sah der Garten öde aus, und das

Haus wirkte nackt. Heute Abend brannte in allen Zimmern des kleinen Hauses Licht, und Martin eilte hastig den Gartenpfad entlang. Vor der Treppe blieb er stehen, um einen kleinen Karren beiseitezuschieben.

Die Kinder waren im Wohnzimmer und so in ihr Spiel vertieft, dass sie das Aufgehen der Haustür gar nicht bemerkten. Martin stand still und betrachtete seine behüteten, schönen Kinder. Sie hatten das unterste Schubfach des Sekretärs geöffnet und den Weihnachtsbaumschmuck hervorgeholt. Andy hatte es fertiggebracht, die Weihnachtsbaum-Beleuchtung einzuschalten, und nun glühten die grünen und roten Birnen in unzeitgemäßer Festlichkeit auf dem Wohnzimmerteppich. Er war gerade dabei, Mariannes Schaukelpferd mit den leuchtenden Schnüren zu behängen. Marianne saß auf dem Fußboden und rupfte einem Engel die Flügel aus. Die Kinder ließen ein überraschtes Begrüßungsgeschrei hören. Martin schwang sich das dicke kleine Mädchen auf die Schulter, und Andy warf sich gegen seines Vaters Beine.

»Papi, Papi, Papi!«

Martin setzte das kleine Mädchen behutsam nieder und schwenkte Andy ein paarmal wie ein Pendel hin und her. Dann hob er den Weihnachtsbaumschmuck auf.

»Weshalb liegt all das Zeug hier draußen herum? Helft mir, es wieder einzuräumen! Ihr dürft nicht mit der Steckdose spielen! Ihr wisst doch, dass ich es schon einmal verboten habe! Denk daran, Andy!«

Der sechsjährige Junge nickte und stieß das Schubfach zu. Martin streichelte das blonde, seidige Haar, und seine Hand blieb ein Weilchen zärtlich auf dem feinen Nacken des Kindes liegen.

»Habt ihr schon gegessen, Pummelchen?«

»Es hat weh getan. Das Brot war heiß.« Das kleine Mädchen stolperte über den Teppich, und nach der ersten Verwunderung über den Sturz begann es zu weinen; Martin hob die Kleine auf und trug sie auf dem Arm in die Küche.

»Sieh mal, Papi«, sagte Andy, »da ist das Brot!«

Emily hatte den Kindern das Abendbrot auf die Porzellanplatte des Küchentisches gestellt. Zwei Teller mit Resten von Grießbrei und Ei waren da und silberne Becher, in denen Milch gewesen war. Daneben stand eine Schüssel mit Zimtschnitten, die aber nicht angerührt worden waren, abgesehen von einem einzigen Bissen. Martin roch an dem abgebissenen Stück und kostete vorsichtig. Dann warf er alles in den Mülleimer. »Huh! Pfui – was, zum Teufel …!«

Emily hatte anstatt der Zimtdose den Cayenne-Pfeffer genommen.

»Das war fein, Feuer zu essen«, sagte Andy. »Ich hab Wasser getrunken und bin nach draußen gelaufen und hab den Mund aufgemacht. Marianne hat nichts nicht genommen.«

»... hat keins genommen«, verbesserte Martin. Er stand hilflos da und ließ den Blick über die Wände der Küche gleiten. »Na, das ist doch ...«, sagte er schließlich. »Wo ist Mami jetzt?«

»Oben bei euch!«

Martin ließ die Kinder in der Küche und ging zu seiner Frau. Vor der Tür wartete er ein Weilchen, um seinen Ärger abflauen zu lassen. Er klopfte nicht an, und als er im Zimmer stand, schloss er die Tür hinter sich.

Emily saß im Schaukelstuhl am Fenster des reizenden Zimmers. Sie hatte aus einem großen Glas getrunken, und als er eintrat, stellte sie das Glas schnell auf den Fußboden neben dem Schaukelstuhl. Aus ihrer Haltung sprachen Verwirrung und Schuld, die sie allzu offensichtlich hinter gespielter Lebhaftigkeit zu verstecken suchte.

»Oh, Marty! Bist du schon da? Die Zeit ist mir nur so verflogen! Ich wollte gerade nach unten gehen ...« Sie schwankte auf ihn zu, und ihr Kuss schmeckte stark nach Sherry. Als er ihn nicht erwiderte, trat sie einen Schritt zurück und kicherte nervös.

»Was ist denn mit dir los? Weshalb stehst du so steif wie ein Telegraphenpfahl da? Fehlt dir etwas?«

»Ob *mir* etwas fehlt?« Martin bückte sich über den Schaukelstuhl und hob das Glas auf. »Wenn du dir nur vorstellen könntest, wie elend mich das macht – und wie schlimm es für uns alle ist!«

Emily sprach mit unechtem, munterem Tonfall, der ihm nur zu gut bekannt war. Bei solcher Gelegenheit legte sie sich gern einen leicht englischen Akzent zu und ahmte vielleicht eine Schauspielerin nach, die sie bewunderte. »Ich habe keine Ahnung, was du meinst. Falls du nicht auf das Glas anspielst, das ich für ein Tröpfchen Sherry benutzt habe. Ich hatte einen kleinen Schluck Sherry getrunken, vielleicht auch zwei. Aber ist denn das ein Verbrechen, bitte schön? Mir geht es ausgezeichnet, ganz ausgezeichnet!«

»Ja, das sieht man.«

Als Emily ins Badezimmer ging, bemühte sie sich, ernst und würdevoll auszuschreiten. Sie drehte den Hahn mit dem kalten Wasser auf und spritzte sich etwas mit der hohlen Hand ins Gesicht; dann tupfte sie es mit einem Zipfel des Badetuches trocken. Ihr Gesicht wies feine Züge auf und war jung und klar.

»Ich wollte gerade nach unten gehen und das Abendessen richten.« Sie schwankte und fand das

Gleichgewicht nur dadurch wieder, dass sie sich am Türrahmen festhielt.

»Ich werde mich schon ums Essen kümmern. Bleibe du hier! Ich bringe es nach oben!«, sagte er.

»Ich denk nicht dran! Was soll denn das nun heißen?«

»Bitte!«, sagte Martin.

»Lass mich in Ruhe! Mir geht's ausgezeichnet. Ich wollte gerade nach unten gehen ...«

»Hör auf mich!«

»Hör auf deine Großmutter!«

Sie torkelte auf die Tür zu, aber Martin packte sie am Arm. »Ich will nicht, dass die Kinder dich in diesem Zustand sehen. Sei vernünftig!«

»In diesem Zustand?« Emily entzog ihm den Arm mit einem Ruck. »Was – willst du mich zu einer Säuferin stempeln, weil ich nachmittags ein paar Glas Sherry trinke? Das nennst du ›Zustand‹? Wo ich Whisky überhaupt nie anrühre? Das weißt du ganz genau. Und ich trinke nie in einer Bar. Von dir kannst du das nicht behaupten! Ich nehme nicht mal einen Cocktail vor dem Abendessen. Nur manchmal ein Gläschen Sherry. Soll das etwa eine Schande sein, frag ich dich? ›Zustand‹!«

Martin suchte nach Worten, um seine Frau zu beruhigen. »Wir wollen hier oben friedlich Abendbrot essen, wir beide ganz allein! Sei lieb, ja?«

Emily setzte sich auf den Bettrand, und er öffnete schnell die Tür und sagte im Hinausgehen: »Ich bin im Nu wieder da!«

Während er sich unten mit dem Abendessen beeilte, versank er wieder in Grübeleien über die alte Frage, wieso ein solches Unglück über sein Heim hatte hereinbrechen können. Er hatte immer gern einen guten Tropfen getrunken. Als sie noch in Alabama wohnten, war es selbstverständlich gewesen, dass sie Cocktails oder ein anderes Getränk zu sich nahmen. Jahrelang hatten sie ein oder zwei, vielleicht auch drei Glas vor dem Essen getrunken und vor dem Schlafengehen noch einen Nachttrunk. An Abenden vor Feiertagen hatten sie wohl auch eine ganze Flasche geleert oder waren gar etwas angeheitert. Aber für ihn war das Trinken nie eine leidige Frage gewesen, höchstens eine lästige Ausgabe, die sie sich, als sie Kinder bekamen, kaum noch leisten konnten. Erst nachdem seine Firma ihn nach New York versetzt hatte, bemerkte Martin, dass seine Frau bestimmt zu viel trank. Ihm fiel auf, dass sie auch tagsüber süffelte.

Nachdem das Übel einmal erkannt war, versuchte Martin, ihm auf den Grund zu gehen. Die Versetzung von Alabama nach New York hatte sie irgendwie erschüttert: Sie war an die lässige Behaglichkeit einer kleinen Stadt in den Südstaaten gewöhnt, an den Schoß der Familie, an Vettern und Basen und Jugendfreundinnen, und nun konnte sie sich nicht an die strengeren, ernsteren Ansichten im Norden anpassen. Die Pflichten als Mutter und Hausfrau waren ihr beschwerlich; sie hatte Heimweh nach Paris City und konnte sich in der kleinen Vorstadt mit niemandem anfreunden. Sie las nur Zeitschriften und Kriminalromane. Ohne den falschen Zauber des Alkohols schien ihr das Leben nichtig. Auf heimtückische Art unterminierten die Folgen der Unmäßigkeit seine Einstellung zu seiner Frau. Es kamen Zeiten, wo sie unbegreiflich boshaft sein konnte, Zeiten, wo der Alkohol wie ein schwelender Funke einen unschönen Wutausbruch hervorrief. Er stieß bei Emily auf ungeahnte vulgäre Seiten, die mit ihrem sonstigen schlichten Wesen nicht übereinstimmten. Sie log ihm wegen ihrer Trinkerei etwas vor und hinterging ihn mit unvermuteten Ausflüchten.

Dann geschah das Unglück. Als er eines Abends vor etwa einem Jahr nach Hause kam, schallten ihm Schreie aus dem Kinderzimmer entgegen. Er fand Emily, die das nackte, vom Bad noch nasse Baby trug. Sie hatte es fallen lassen, und der zarte, zarte Schädel der Kleinen war auf die Tischkante aufgeschlagen, so dass ein rotes Blutrinnsal durch das seidenweiche Haar lief. Emily schluchzte und war betrunken. Martin hatte das verletzte Kind, das ihm nun so unendlich teuer wurde, auf den Armen gewiegt und dabei ein grauenhaftes Zukunftsbild vor Augen gehabt.

Am folgenden Tag war Marianne wohlauf. Emily gelobte, sie würde nie wieder Alkohol anrühren, und ein paar Wochen lang war sie nüchtern und elend und niedergeschlagen. Dann fing sie allmählich wieder an – nicht mit Whisky oder Gin, aber mit reichlich Bier oder Sherry und ausländischen Likören; einmal war er auf eine Hutschachtel voll leerer Crème-de-Menthe-Flaschen gestoßen. Martin fand ein zuverlässiges Mädchen, das den Haushalt umsichtig besorgte. Virgie stammte auch aus Alabama, und Martin hatte es nie gewagt, Emily zu erzählen, wie hoch die Löhne in New York waren. Emily trank nun ganz im Geheimen und ehe er nach Hause kam. Im Allgemeinen war die Wirkung kaum wahrzunehmen – höchstens eine gewisse Unbeherrschtheit in den Bewegungen oder schwere Augenlider. So unverantwortliche Handlungen wie die Sache mit dem Cayenne-Pfeffer kamen selten vor, und wenn Virgie zu Hause war, brauchte sich Martin keine Sorgen zu machen. Doch trotzdem spürte er immer eine nagende Unruhe, und ein drohendes Unheil unbestimmter Art schien dauernd über seinem Leben zu schweben.

»Marianne!«, rief Martin, denn der bloße Gedanke an jene schlimme Zeit zwang ihn, sich sofort zu vergewissern. Die Kleine, die jetzt alles andere als verletzt, ihrem Vater aber deshalb ebenso teuer war, kam mit dem Bruder in die Küche. Martin fuhr fort, das Abendessen zurechtzumachen. Er öffnete eine Dose mit fertiger Suppe und legte zwei Schnitzel in die Bratpfanne. Dann setzte er sich an den Küchentisch und ließ seine Marianne auf den Knien reiten. Andy sah ihnen zu und wackelte mit den Fingern am Zahn, der schon seit einer Woche locker war.

»Andy-Mann!«, rief Martin. »Steckt der alte Knochen immer noch in deinem Mund? Komm mal her, lass Papi mal nachsehen!«

»Ich hab einen Faden, mit dem kann ich ihn rausziehen!« Der Kleine zog einen verfitzten Faden aus der Tasche. »Virgie hat mir gesagt, ich soll ihn um den Zahn binden und das andre Ende an die Türklinke, und dann soll ich die Tür ganz furchtbar rasch zuwerfen.«

Martin zog ein sauberes Taschentuch hervor und befühlte vorsichtig den losen Zahn. »Der Zahn muss heute Abend noch raus aus Andys Mund. Sonst bekommen wir leider einen Zahnbaum.«

»Was ist das, Papi?«

»Ein Zahnbaum«, sagte Martin. »Da beißt du auf

etwas Hartes und verschluckst dabei den Zahn. Und der Zahn bekommt Wurzeln, und in Andys armem kleinen Magen wächst ein Zahnbaum, der hat keine Blätter, sondern lauter spitze kleine Zähne.«

»Huh, Papi!«, rief Andy. Doch den Zahn hielt er mit seinem schmutzigen kleinen Daumen und Zeigefinger fest. »So einen Baum gibt's gar nicht. Ich hab noch nie einen gesehen!«

»Es gibt auch keinen, und ich hab auch noch nie so einen Baum gesehen!«

Martin horchte plötzlich auf. Emily kam die Treppe herunter. Er hörte ihre torkelnden Schritte, und voller Befürchtungen schloss er den Kleinen in seine Arme. Als Emily in die Küche trat, konnte er an ihren Bewegungen und dem mürrischen Gesicht sehen, dass sie der Sherryflasche schon wieder zugesprochen hatte. Sie begann, Schubfächer aufzureißen und den Tisch zu decken.

»In meinem Zustand!«, sagte sie mit belegter Stimme. »So redest du mit mir! Glaub nur nicht, dass ich's vergesse! Ich erinnere mich an all deine gemeinen Lügen, die du zu mir sagst. Glaub ja keine Minute lang, dass ich sie vergesse!«

»Emily!«, bat er. »Die Kinder.«

»Die Kinder – jawohl! Bilde dir nur nicht ein, dass ich deine gemeinen Pläne nicht durchschaue!

Du willst hier unten sein, damit du mir meine eigenen Kinder abspenstig machen kannst. Glaub ja nicht, dass ich das nicht wüsste und durchschaue!«

»Emily! Ich bitte dich – geh nach oben, ja?«

»Damit du die Kinder, meine eigenen Kinder, mir abspenstig machen ...« Zwei große Tränen liefen ihr schnell über die Wangen. »Willst meinen kleinen Sohn, meinen Andy, gegen seine eigene Mutter aufhetzen!«

Mit dem Ungestüm der Betrunkenen kniete Emily vor dem erschrockenen Kind auf dem Fußboden. Mit den Händen auf seinen Schultern suchte sie sich im Gleichgewicht zu halten. »Hör zu, mein Andy – du darfst nicht glauben, was dein Vater dir vorlügt. Du musst nicht glauben, was er sagt, hörst du? Sag mal, Andy, was hat dir dein Vater erzählt, ehe ich in die Küche kam?« Das Kind blickte seinen Vater unsicher an. »Komm, erzähl's mir! Mama möchte es wissen!«

»Vom Zahnbaum.«

»Was?«

Das Kind wiederholte die Worte, und sie sprach sie ihm in ungläubigem Entsetzen nach. »Vom Zahnbaum!« Sie schwankte und klammerte sich fester an die Schultern des Kindes. »Ich weiß nicht, was du da sagst. Aber hör zu, Andy, Mama ist lieb, nicht wahr?« Die Tränen rollten ihr nun übers Gesicht, und Andy wich vor ihr zurück, denn er fürchtete sich. Emily packte die Tischkante und zog sich hoch.

»Da haben wir's! Du hast mein Kind gegen mich aufgehetzt!« Marianne begann zu weinen, und Martin nahm sie auf den Arm.

»So ist's recht, nimm du nur deinen Liebling! Von Anfang an hast du sie verzogen. Mir ist's ja gleich, aber du könntest mir wenigstens meinen kleinen Jungen lassen.«

Andy drängte sich an seinen Vater und umklammerte sein Bein. »Papi«, sagte er kläglich.

Martin führte die Kinder an den Fuß der Treppe. »Andy, bring Marianne nach oben, und Papi kommt ganz schnell nach!«

»Aber Mami?«

»Mami geht's gut, lass nur!«

Emily saß schluchzend vor dem Küchentisch und hatte das Gesicht in den Armen vergraben. Martin schenkte ihr eine Tasse Suppe ein und stellte sie vor sie hin. Ihr rasselndes Schluchzen machte ihn schwach; die Gewalt ihres Kummers berührte eine zärtliche Saite in ihm, einerlei, worin er begründet sein mochte. Gegen seinen Willen legte er ihr die Hand aufs dunkle Haar. »Richte dich auf, und trink die Suppe!« Das Gesicht, das sie ihm zuwandte, war reuig und bittend. Das Zurückweichen des Knaben oder die Berührung von Martins Hand mussten einen Stimmungsumschwung herbeigeführt haben.

»Ma-Martin!«, schluchzte sie. »Ich schäme mich so!«

»Trink die Suppe!«

Sie gehorchte und trank zwischen keuchenden Atemzügen. Nach der zweiten Tasse ließ sie sich von ihm nach oben führen. Sie war jetzt fügsam und etwas beherrschter. Er legte ihr das Nachthemd aufs Bett und war im Begriff, das Zimmer zu verlassen, als eine neue Jammertour, das heulende Elend, bei ihr einsetzte. »Er hat mich verlassen! Mein Andy hat mich angeschaut und dann verlassen!«

Ungeduld und Erschöpfung stahlen sich in seine Stimme, aber er wählte die Worte mit Bedacht. »Du musst nicht vergessen, dass Andy noch ein kleines Kind ist – er versteht gar nicht, was solche Szenen bedeuten.«

»Habe ich eine Szene gemacht? Oh, Martin, habe ich vor den Kindern eine Szene gemacht?«

Gegen seinen Willen rührte und belustigte ihn ihr entsetztes Gesicht. »Denk nicht mehr dran! Zieh dein Nachthemd an, und leg dich schlafen!«

»Mein Kind hat mich verlassen! Andy hat seine Mutter angeschaut und dann verlassen! Die Kinder …!«

Die ewige Wiederholung der Trinkerschwermut hatte sich ihrer bemächtigt. Martin verließ das Zimmer mit den Worten: »Leg dich um Gottes willen schlafen! Die Kinder haben es bis morgen schon vergessen!«

Während er es sagte, fragte er sich, ob es wohl stimme. Würde die Szene so leicht aus dem Gedächtnis entschwinden – oder würde sie im Unterbewussten Wurzel fassen und dort Jahre später noch schwären? Martin wusste es nicht, und diese zweite Möglichkeit machte ihn unglücklich. Er dachte an Emily, er sah die Demütigungen des nächsten Morgens voraus: die Erinnerungslücken, die hellere Einsicht, die aus dem verhüllenden Dunkel der Beschämung hervorstach. Sie würde zweimal, möglicherweise drei- oder viermal in seinem Büro in New York anrufen. Martin durchlitt im Voraus seine Verlegenheit und fragte sich insgeheim, ob die andern im Büro wohl Verdacht schöpfen konnten. Er glaubte, dass seine Sekretärin das Elend schon lange geahnt hatte und dass sie ihn bemitleidete. Einen Augenblick empörte er sich gegen sein Los; er verabscheute seine Frau.

Als er ins Kinderzimmer trat, schloss er hinter sich die Tür und fühlte sich zum ersten Mal an jenem Abend geborgen. Marianne ließ sich auf den Fußboden fallen, krabbelte wieder hoch und rief: »Papi, schau mal!«, fiel wieder, krabbelte hoch und wiederholte das neue Spiel. Andy saß auf einem niedrigen Kinderstuhl und wackelte an seinem Zahn. Martin ließ Wasser in die Badewanne einlaufen, wusch sich die Hände im Waschbecken und rief den Jungen ins Badezimmer.

»Lass mich noch mal den Zahn anschauen!« Martin saß auf der Toilette und hatte Andy zwischen seinen Knien vor sich stehen.

Das Kind riss den Mund auf, und Martin packte den Zahn. Ein Ruck, eine rasche Umdrehung, und der perlmutterfarbene Milchzahn war draußen. Im ersten Augenblick spiegelten sich auf Andys Gesicht Entsetzen, Staunen und Entzücken ab. Er nahm einen Schluck Wasser in den Mund und spuckte ins Waschbecken. »Schau mal, Papi! Blut! Marianne!«

Martin liebte es, die Kinder zu baden; unsagbar liebte er die zarten, nackten Körperchen, wenn sie so schutzlos im Wasser standen. Es war nicht gerecht von Emily, wenn sie sagte, dass er Marianne vorzog. Während er den zarten Knabenkörper seines Sohnes seifte, empfand er, dass eine noch größere Liebe unmöglich sei. Doch einen Unterschied in der Art seiner Gefühle für die beiden Kinder räumte er ein. Die Liebe zu seiner Tochter war ernster, eine schwermütige Note schwang mit, eine Zärtlichkeit, die fast schmerzte. Seine Kosenamen für den kleinen Jungen waren närrische, tagtägliche Erfindungen – das kleine Mädchen dagegen nannte er stets nur Marianne, und die Stimme, mit der er den Namen aussprach, war wie ein Streicheln. Martin tupfte das dicke kleine Kinderbäuchlein und die zarte kleine Schamfalte trocken. Die gewaschenen Kindergesichter waren strahlend wie Blütenblätter und beide gleichmäßig geliebt.

»Ich steck den Zahn unter mein Kopfkissen. Dann bekomme ich fünfundzwanzig Cent.«

»Weshalb?«

»Du weißt doch, Papi – Johnny hat auch fünfundzwanzig Cent für seinen Zahn bekommen.«

»Wer tut die fünfundzwanzig Cent unters Kopfkissen?«, fragte Martin. »Früher hab ich immer geglaubt, die Feen hätten sie da hingelegt. Aber früher gab's bloß einen Zehner.«

»Ja, das haben sie auch im Kindergarten erzählt.«

»Wer legt das Geldstück dorthin?«

»Die Eltern«, sagte Andy. »Du!«

Martin steckte die Decke auf Mariannes Bett mit Sicherheitsnadeln fest. Seine Tochter war schon eingeschlafen. Martin beugte sich nieder, atmete kaum und küsste ihre Stirn und dann noch die winzige Hand, die mit nach außen gekehrter Handfläche dalag, im Schlaf nach oben, neben den Kopf gestreckt.

»Gute Nacht, Andy-Mann!«

Die Antwort war ein schlaftrunkenes Murmeln. Nach einer Minute holte Martin sein Kleingeld hervor und schob fünfundzwanzig Cent unter das Kopfkissen. Er ließ das Nachtlicht brennen.

Während Martin in der Küche herumstöberte und sich eine verspätete Mahlzeit bereitete, kam es ihm in den Sinn, dass die Kinder nicht ein einziges Mal von ihrer Mutter gesprochen oder die Szene erwähnt hatten, die ihnen ganz unverständlich erschienen sein musste. Sie waren von gegenwärtigen Momenten – dem Zahn, dem Bad, dem Geldstück – in Anspruch genommen, und das glatte Weiterfluten ihrer Zeit, der kindlichen, hatte diese gewichtslosen Ereignisse wie Blätter auf der raschen Strömung eines flachen Bächleins getragen, während das Rätsel der Erwachsenen ans Ufer trieb und vergessen in einer Einbuchtung liegen blieb. Martin dankte Gott dafür.

Sein eigener Zorn jedoch, der unterdrückt im Hintergrund lauerte, erhob von neuem sein Haupt. Durch die Verschwendung eines Trunkenboldes war seine Kinderzeit zerstückelt, waren sogar seine Jünglingsjahre noch heimtückisch unterminiert worden. Und bei seinen Kindern – wie würde es da nach ein oder zwei Jahren sein, wenn die Immunität der Verständnislosigkeit verstrichen war? Mit auf den Tisch gestützten Ellbogen schlang er sein Essen hinunter, ohne es zu schmecken. Die Wahrheit konnte nicht verborgen bleiben – bald würde im Büro und hier draußen geklatscht werden; seine Frau war eine zügellose Trinkerin. Zügellos! Und sich und seine Kinder sah er einer Zukunft voller Schande und langsam hereinbrechenden Elends ausgeliefert.

Martin stieß sich vom Tisch ab und ging schwerfällig ins Wohnzimmer hinüber. Seine Augen folgten den Zeilen eines Buches, doch sein Geist beschwor schreckliche Bilder herauf: Er sah, wie seine Kinder im Fluss ertranken, sah, wie seine Frau sich auf der Straße lächerlich machte. Als es Schlafenszeit war, beschwerte ihm verhärteter Zorn die Brust, und die Füße schleppten sich mühsam die Treppe hinauf.

Das Zimmer war dunkel, nur durch die halbgeöffnete Badezimmertür fiel eine Lichtbahn herein. Martin zog sich leise aus. Nach und nach und auf geheimnisvolle Weise vollzog sich ein Umschwung in ihm. Seine Frau schlief, ihr friedlicher Atem tönte sachte durchs Zimmer. Die hochhackigen Schuhe mit den achtlos hingeworfenen Strümpfen wandten sich stumm flehend an ihn. Ihre Wäsche war unordentlich auf einen Stuhl geflogen. Martin hob den Hüftgürtel und den weichen seidenen Büstenhalter auf und behielt sie einen Augenblick in der Hand.

Zum ersten Mal am heutigen Abend sah er seine Frau an. Seine Blicke weilten auf der holden Stirn, auf den Bögen der feinen Brauen. Diese Brauen hatte sie auf Marianne vererbt, auch den Aufwärtsschwung an der Spitze der zierlichen Nase. Bei seinem Sohn fand er ihre hohen Backenknochen und das spitze Kinn wieder. Ihr Körper war schlank und harmonisch gerundet, mit vollen Brüsten. Während Martin den ruhigen Schlummer seiner Frau beobachtete, wich die Spukgestalt des alten Zornes. Alle tadelnden und anklagenden Gedanken rückten weit fort. Martin löschte das Badezimmerlicht und öffnete das Fenster. Behutsam, um Emily nicht zu wecken, schlüpfte er in sein Bett. Im Mondschein warf er noch einen letzten Blick auf seine Frau. Seine Hand suchte das nahe Fleisch, und in der unendlichen Vielgestalt der Liebe vermählten sich Kummer und Sehnsucht.

Der verfolgte Junge

Hugh hielt an der Ecke nach seiner Mutter Ausschau, aber sie war nicht im Garten. Manchmal war sie draußen und pusselte an dem Beet mit Frühjahrsblumen herum – den Iberis, den Bartnelken, den Lobelien (sie hatte ihm die Namen beigebracht) –, aber heute lag der grüne Vorderrasen mit den Rabatten bunter Blumen leer im schwächlichen Sonnenschein des Aprilnachmittags da. Hugh rannte den Gehweg entlang, und John folgte ihm. Mit zwei Sätzen sprangen sie die Vordertreppe hinauf, und die Tür schlug hinter ihnen ins Schloss.

»Mama!«, rief Hugh.

Und plötzlich, als sie in der leeren, gebohnerten Halle in einem Schweigen ohne Antwort standen, spürte Hugh, dass etwas nicht stimmte. Im Wohnzimmerkamin brannte kein Feuer, und da er während der kalten Monate an das Flackern des Flammenscheins gewöhnt war, erschien ihm das Zimmer an diesem ersten warmen Tag merkwürdig kahl und unbehaglich. Hugh schauerte zusammen. Er war froh, dass John da war. Die Sonne schien auf eine rote Stelle im geblümten Teppich. Feuerrot, dunkelrot, blassrot – ihm wurde übel, und es fröstelte ihn plötzlich in Erinnerung an ›das letzte Mal‹. Das Rot verdüsterte sich zu einem schwindelerregenden Schwarz.

»Was fehlt dir, Brown?«, fragte John. »Du siehst ganz weiß aus!«

Hugh schüttelte sich und legte die Hand auf die Stirn. »Nichts. Woll'n in die Küche gehen!«

»Ich kann bloß eine Minute bleiben«, erwiderte John. »Ich muss die Karten verkaufen. Ich kann bloß essen und losrennen.«

Die Küche mit den lebhaft karierten Handtüchern und den sauberen Pfannen war jetzt der beste Raum im Haus. Und auf dem emaillierten Tisch stand der Zitronenkuchen, den sie gebacken hatte. Beim alltäglichen Anblick der Küche und des Kuchens beruhigte sich Hugh, trat in die Halle zurück und hob sein Gesicht, um hinaufzurufen:

»Mutter? O Mama!«

Wieder kam keine Antwort.

»Den Kuchen hat meine Mutter gebacken«, sagte er. Rasch holte er ein Messer und schnitt in den Kuchen, um das zunehmende Angstgefühl zu bannen.

»Glaubst du, dass du ihn anschneiden darfst, Brown?«

»Klar, Laney.«

Seit diesem Frühling nannten sie sich bei ihrem Familiennamen – falls sie es nicht zufällig vergaßen. Hugh fand es sportlich und erwachsen und irgendwie großartig. Hugh konnte John besser leiden als jeden anderen Jungen in der Schule. John war zwei Jahre älter als Hugh, und mit ihm verglichen schienen die andern Jungen ein Haufen alberner Nullen zu sein. John war der beste Schüler in der zweiten Klasse, intelligent, aber nicht im Geringsten ein Lehrerliebling, und er war auch der beste Turner. Hugh war in der ersten Klasse und hatte in seinem ersten Jahr in der Highschool nicht so viele Freunde – er hatte sich irgendwie selbst ausgeschlossen, weil er so ängstlich war.

»Mama hat nach der Schule immer was Feines für mich!« Hugh legte ein großes Stück Kuchen für John (für Laney) auf einen Unterteller.

»Der Kuchen ist aber prima!«

»Die Kruste ist aus zerstoßenen Graham Crackers gemacht, statt aus dem richtigen Mürbeteig«, erzählte Hugh, »weil Mürbeteig solche Arbeit macht. Wir finden, dass der hier genauso gut ist. Natürlich kann Mutter auch den richtigen Mürbeteig machen, wenn sie will.«

Hugh konnte nicht stillstehen; er ging in der Küche auf und ab und aß sein Stück Kuchen, das er auf der Handfläche hielt. Sein braunes Haar war wirr vom nervösen Hineinfahren, und in seinen goldbraunen Augen stand die Qual schmerzlicher Unsicherheit. John, der am Tisch sitzen geblieben war, spürte Hughs Unruhe und wickelte eins seiner schlaksigen Beine um das andere. »Ich muss jetzt wirklich gehen und die Karten für den Glee-Klub verkaufen.«

»Geh nicht! Hast ja den ganzen Nachmittag Zeit!« Er fürchtete sich vor dem leeren Haus. Er brauchte John, er brauchte irgendjemanden; vor allem musste er die Stimme seiner Mutter hören und wissen, dass sie mit ihm im Haus war. »Vielleicht badet Mama«, sagte er. »Ich will noch mal rufen!«

Die Antwort auf seinen dritten Ruf war auch wieder Schweigen.

»Vielleicht ist deine Mutter ins Kino oder einkaufen gegangen?«

»Nein«, sagte Hugh. »Dann hätte sie einen Zettel dagelassen. Das tut sie immer, wenn sie weg ist und ich von der Schule nach Hause komme.«

»Auf einen Zettel haben wir nicht geachtet«, sagte John. »Vielleicht hat sie ihn unter dem Türvorleger oder irgendwo im Wohnzimmer gelassen.«

Hugh war untröstlich. »Nein. Sie hätte ihn hier unter dem Kuchen gelassen. Sie weiß, dass ich immer zuerst in die Küche renne.«

»Vielleicht hat jemand bei ihr angerufen, oder es ist ihr plötzlich was eingefallen, was sie tun wollte.«

»Ja, vielleicht«, sagte er. »Sie hat vor ein paar Tagen zu Daddy gesagt, sie wolle sich neue Kleider kaufen.« Der Hoffnungsstrahl lebte nur so lange, wie er geäußert wurde. Hugh stieß sich das Haar aus der Stirn und sauste aus der Küche. »Ich will lieber nach oben. Ich sollte raufgehen, solange du hier bist.«

Er stand da und hatte die Arme um den Treppenpfosten geschlungen; der Geruch der gebohnerten Treppe und der Anblick der geschlossenen weißen Badezimmertür oben rief wieder die Erinnerung an ›das letzte Mal‹ wach. Er klammerte sich an den Treppenpfosten, und seine Füße versagten und wollten nicht die Treppe hinaufgehen. Aus dem Rot wurde wieder ein kreischendes, kränkliches Dunkelrot. Hugh setzte sich hin.

Steck den Kopf zwischen die Beine!, befahl er sich – bei den Pfadfindern die erste Hilfe.

»Hugh!«, rief John. »Hugh!«

Während der Schwindelanfall nachließ, traf ihn ein neuer Kummer: Laney nannte ihn bei seinem gewöhnlichen Vornamen, also hielt er ihn wegen seiner Mutter für einen Angsthasen, der es nicht verdient, so großartig sportlich beim Familiennamen genannt zu werden. Der Schwindelanfall war weg, als er in die Küche zurückkehrte.

»Brown«, sagte John – und auch *der* Kummer verschwand. »Gibt es in dem Laden hier etwas mit einer Kuh Verwandtes? Eine weiße Flüssigkeit? Auf Französisch heißt sie *lait*. Hier bei uns nennen wir es einfach Milch.«

Die Benommenheit nach dem Schock klärte sich. »Oh, Laney, ich bin ein Esel! Entschuldige! Ich hab's rein vergessen!« Hugh holte die Milch aus dem Kühlschrank und fand zwei Gläser. »Ich hab nicht dran gedacht! Hatte was andres im Sinn.«

»Ich weiß«, sagte John. Nach einem Augenblick fragte er mit ruhiger Stimme und blickte Hugh dabei fest in die Augen: »Warum hast du solche Angst um deine Mutter? Ist sie krank, Hugh?«

Hugh wusste jetzt, dass der Vorname nicht verächtlich gebraucht war; es geschah deshalb, weil John es zu ernst meinte, um sportlich zu sein. Er hatte John lieber als jeden andern Freund. Alles war natürlicher, wenn er John gegenüber am Küchentisch saß – und irgendwie sicherer. Als er John in die grauen, friedlichen Augen blickte, wurde seine Angst durch Johns wohltuende Zuneigung etwas besänftigt.

John fragte wieder und noch immer so ruhig: »Hugh, ist deine Mutter krank?«

Hugh hätte keinem andern Jungen eine Antwort darauf geben können. Er hatte mit niemandem über seine Mutter gesprochen, außer mit seinem Vater, und selbst diese Vertrautheit war selten und indirekt. Sie konnten das Thema nur berühren, wenn sie mit etwas anderem beschäftigt waren, zum Beispiel zimmerten oder, was zweimal geschah, wenn sie zusammen in den Wald jagen gingen oder wenn sie das Abendbrot vorbereiteten oder das Geschirr abwuschen.

»Sie ist nicht ausgesprochen krank«, sagte er, »aber Daddy und ich hatten Sorge ihretwegen. Das heißt, eine Zeitlang hatten wir uns ihretwegen Sorgen gemacht.«

John fragte: »Ist es ein Herzleiden?«

Hughs Stimme klang gepresst. »Hast du von der Keilerei gehört, die ich mit dem Trottel Clem Roberts hatte? Ich habe ihm sein dämliches Gesicht über den Kies gerieben und hätte ihn beinah umgebracht. Ich hätt's auch getan, wenn Mr. Paxton nicht dazwischengekommen wäre und mich von ihm runtergerissen hätte.«

»Ich habe davon gehört.«

»Weißt du, warum ich ihn umbringen wollte?«

Einen Augenblick flatterten Johns Augen auf die Seite.

Hugh straffte sich; seine rauhen Kinderhände klammerten sich an die Tischkante; er schöpfte tief und heiser Atem. »Der Trottel hat allen erzählt, meine Mutter wäre in Milledgeville. Er hat überall rumerzählt, meine Mutter wär verrückt.«

»Das dreckige Schwein!«

Hugh sagte mit deutlicher, niedergeschlagener Stimme: »Meine Mutter war tatsächlich in Milledgeville. Aber das bedeutet nicht, dass sie verrückt war«, fuhr er rasch fort. »In dem großen Staatskrankenhaus gibt es Gebäude für Leute, die verrückt sind, und andere Gebäude für Leute, die bloß krank sind. Mama war eine Zeitlang krank. Daddy und ich haben darüber gesprochen und gefunden, das Krankenhaus von Milledgeville wäre der Ort, wo es die besten Ärzte gibt und wo sie die beste Pflege hätte. Aber sie war so wenig verrückt wie nur jemand in der ganzen Welt. Du kennst doch Mama, John!« Er sagte wieder: »Ich sollte nach oben gehen!«

John sagte: »Ich habe immer gefunden, dass deine Mutter eine von den nettesten Damen der Stadt ist.«

»Mama ist nämlich das Merkwürdigste zugestoßen, und hinterher war sie deprimiert.«

Das Geständnis und die ersten, tief verwurzelten Worte lösten das schwärende Geheimnis im Herzen des Jungen, und er fuhr schneller und hastiger fort und fand dabei ungeahnte Erleichterung.

»Voriges Jahr dachte meine Mutter, sie würde ein kleines Baby bekommen. Sie hat mit Daddy und mir darüber gesprochen«, sagte er stolz. »Wir wollten ein Mädchen haben. Ich sollte ihr einen Namen aussuchen. Wir waren so glücklich. Ich habe all mein altes Spielzeug ausgegraben… meine elektrische Eisenbahn und die Schienen… Ich wollte, dass sie Crystal genannt würde… Wie findest du den Namen für ein Mädchen? Es erinnert mich an etwas Helles und Zierliches!«

»Kam das kleine Mädchen tot auf die Welt?«

Selbst vor John wurden Hughs Ohren rot; er griff mit seinen kalten Händen danach. »Nein, es war was, das Tumor heißt. Das ist meiner Mutter passiert. Sie musste hier im Krankenhaus operiert werden.« Er war verlegen, und seine Stimme war sehr leise. »Dann bekam sie was, das heißt Wechseljahre.« Die Worte erschienen Hugh schrecklich. »Und danach war sie deprimiert. Daddy sagte, es wäre für ihr Nervensystem ein Schock gewesen. Es ist etwas, das den Frauen zustößt; sie war einfach deprimiert und kaputt.«

Obwohl in der Küche kein Rot war, nirgends Rot, näherte Hugh sich schon wieder dem ›letzten Mal‹.

»Eines Tages hat sie's einfach aufgegeben – eines Tages im letzten Herbst.« Hugh hatte die Augen weit aufgerissen und blickte starr: In Gedanken stieg er wieder die Treppe hinauf und öffnete die

Badezimmertür – er legte die Hand über die Augen, um die Erinnerung auszulöschen. »Sie hat versucht, sich … zu verwunden. Ich hab sie gefunden, als ich von der Schule nach Hause kam.«

John streckte die Hand aus und strich behutsam über Hughs Sweaterärmel.

»Sei nicht traurig! Viele Leute müssen ins Krankenhaus, weil sie kaputt und deprimiert sind. Das kann jedem passieren.«

»Wir mussten sie ins Krankenhaus bringen – ins beste Krankenhaus.« Die Erinnerung an jene langen, langen Monate war durch eine dumpfe Einsamkeit getrübt, die in ihrer anhaltenden Unerbittlichkeit so grausam wie ›letztes Mal‹ war – wie lange hatte sie angehalten? Im Krankenhaus durfte Mama herumgehen, und sie hatte immer Schuhe an.

John sagte vorsichtig: »Der Kuchen ist wirklich prima.«

»Meine Mutter kann prima kochen. So Sachen wie Fleischpastete und gebackenen Lachs kann sie ebenso gut machen wie Steaks und warme Würstchen.«

»Mir ist's greulich, bloß zu essen und wegzulaufen«, sagte John.

Hugh fürchtete sich so, allein gelassen zu werden, dass er die Angst in seinem laut klopfenden Herzen spürte.

»Geh nicht!«, bat er. »Lass uns noch ein bisschen reden!«

»Worüber?«

Hugh konnte es ihm nicht erzählen. Nicht einmal ihm, John Laney. Niemandem konnte er von dem leeren Haus erzählen und von der entsetzlichen Zeit davor. »Weinst du manchmal?«, fragte er John. »Ich nicht.«

»Ich tu's manchmal«, gab John zu.

»Ich wünschte, ich hätte dich besser gekannt, als Mutter weg war. Daddy und ich sind fast jeden Samstag auf die Jagd gegangen. Wir haben immer von Wachteln und Waldtauben gelebt. Das hätte dir auch gefallen.« Mit leiserer Stimme fügte er hinzu: »Am Sonntag fuhren wir immer ins Krankenhaus.«

John sagte: »Es ist eine etwas heikle Aufgabe, die Karten zu verkaufen. Eine Menge Leute können die Operetten vom Glee-Klub der Highschool nicht leiden. Wenn sie nicht jemanden im Glee-Klub persönlich kennen, bleiben sie lieber zu Hause und sehen sich ein gutes Fernsehstück an. Eine Menge Leute kaufen nur Karten, weil sie was Gemeinnütziges tun wollen.«

»Wir werden auch bald einen Fernsehapparat bekommen.«

»Ohne Fernsehen könnte ich nicht leben«, sagte John.

Hughs Stimme klang entschuldigend: »Daddy möchte erst die Krankenhausrechnungen bezahlen, denn Krankheiten sind eine furchtbar teure Angelegenheit, das weiß jeder. Danach kaufen wir den Fernseher.«

John hob sein Glas mit Milch auf. *»Skol!«*, sagte er. »Das ist ein schwedisches Wort; man sagt's, bevor man trinkt. Es bringt Glück.«

»Du weißt eine Unmasse fremde Wörter und Sprachen!«

»So viele auch nicht«, sagte John wahrheitsgemäß. »Bloß *kaputt* und *adios* und *skol* und was wir so in der Französischstunde lernen. Das ist nicht viel.«

»Das ist *beaucoup*«, sagte Hugh, fand sich witzig und war mit sich zufrieden.

Plötzlich brach die aufgestaute Spannung in körperlichem Ungestüm aus. Hugh riss draußen auf der Veranda den Basketball an sich und stürmte auf den Hof. Er dribbelte den Ball ein paarmal und zielte auf das Goal, das sein Vater ihm zu seinem letzten Geburtstag aufgestellt hatte. Als er sein Ziel verfehlte, warf er John, der nach ihm hinausgekommen war, den Ball zu. Es tat wohl, im Freien zu sein, und bei der Erleichterung, die das natürliche Spielen mit sich brachte, fiel ihm die erste Zeile eines Gedichts ein: ›Mein Herz ist wie ein Basketball.‹ Meistens, wenn ihm ein Gedicht in den Sinn kam, lag er im Wohnzimmer längelang auf dem Fußboden, in die Jagd nach Reimen versunken, wobei die Zunge in seiner Backentasche mitarbeitete. Seine Mutter nannte ihn dann immer Shelley-Poe, wenn sie über ihn hinwegschritt, und manchmal setzte sie ihren Fuß leicht auf sein Hinterteil. Seine Mutter fand seine Gedichte immer schön; heute fiel ihm die zweite Zeile ganz schnell ein, wie herbeigezaubert. »›Mein Herz ist wie ein Basketball, springt mit Freuden durch die Hall.‹ Wie findest du das als Gedichtanfang?«

»Kommt mir ’n bisschen verrückt vor«, sagte John. Dann verbesserte er sich rasch: »Ich meine, es klingt… komisch. Komisch, hab ich gemeint.«

Hugh begriff, weshalb John das Wort geändert hatte, und das Hochgefühl als Folge von Spiel und Gedicht verließ ihn augenblicklich. Er fing den Ball auf und stand mit ihm da, den Ball in seinen Arm geschmiegt. Der Nachmittag war golden, und die Glyzinie rankte üppig und mit unversehrten Blüten über die Veranda. Sie war wie ein einziger blasslila Wasserfall. Der frische Wind duftete nach sonnenwarmen Blumen. Der sonnige Himmel war blau und wolkenlos. Es war der erste warme Frühlingstag.

»Ich muss losziehen«, sagte John.

»Nein!« Hughs Stimme klang verzweifelt.

»Möchtest du nicht noch ein Stück Kuchen? Hab noch nie erlebt, dass jemand bloß ein Stück isst.«

Er lockte John ins Haus, und diesmal rief er nur gewohnheitsmäßig, weil er immer rief, wenn er ins Haus trat: »Mutter!« Nach dem hellen Sonnenschein im Freien fröstelte es ihn. Es fröstelte ihn nicht bloß infolge des Wetters, sondern weil er sich so fürchtete.

»Meine Mutter kam vor einem Monat zurück, und seitdem ist sie immer hier gewesen, wenn ich von der Schule nach Haus gekommen bin. Immer, immer!«

Sie standen in der Küche und blickten auf den Zitronenkuchen. Und Hugh fand, dass der angeschnittene Kuchen irgendwie – seltsam aussah. Als sie so bewegungslos in der Küche standen, war auch die Stille unheimlich und seltsam.

»Kommt dir das Haus nicht sehr still vor?«

»Das ist bloß, weil ihr kein Fernsehen habt. Wir drehen unsern Fernseher um sieben Uhr an, und er läuft den ganzen Tag und Abend, bis wir zu Bett gehen. Ob jemand im Wohnzimmer ist oder nicht. Ununterbrochen laufen Stücke und lustige Sketches und Gags.«

»Wir haben natürlich ein Radio und eine Victrola.«

»Die leisten einem nicht die gleiche Gesellschaft wie ein guter Fernseher. Wenn ihr erst mal einen

Fernseher habt, merkst du nicht, ob deine Mutter im Haus ist oder nicht.«

Hugh antwortete nicht. Ihre Schritte hallten hohl durch den Flur. Ihm war übel, als er auf der untersten Treppenstufe stand und den Arm um den Treppenpfosten gelegt hatte.

»Wenn du wenigstens eine Minute raufkommen könntest...«

Johns Stimme klang plötzlich ungeduldig und laut. »Wievielmal soll ich dir noch sagen, dass ich Karten verkaufen muss? Bei Einrichtungen wie dem Glee-Klub muss man gemeinnützig denken!«

»Bloß eine Sekunde – ich muss dir oben was Interessantes zeigen!«

John fragte nicht, was es sei, und Hugh grübelte krampfhaft nach, um etwas nennen zu können, das interessant genug war und John nach oben locken könnte. Schließlich sagte er: »Ich baue mir einen Hi-Fi-Apparat. Da muss man eine Menge über Elektronik wissen – mein Vater hilft mir.«

Doch noch während er sprach, wusste er, dass John ihm die Lüge keine Sekunde glaubte. Wer kaufte sich einen Hi-Fi, ohne einen Fernseher zu haben? Er hasste John – wie man Menschen hasst, die man so dringend braucht. Er musste noch etwas hinzufügen und straffte die Schultern.

»Ich wollte dir bloß sagen, wie viel mir deine

Freundschaft wert ist. Während der letzten Monate habe ich mich irgendwie vom Umgang mit andern ausgeschlossen.«

»Ist ja okay, Brown. Du musst nicht so empfindlich sein, weil deine Mutter – dort war, wo sie war.«

John hatte die Hand auf der Türklinke, und Hugh zitterte. »Ich dachte bloß, ob du nur für eine Minute nach oben kommen könntest …«

John sah ihn mit unruhigen, betroffenen Blicken an. Dann fragte er langsam: »Ist da oben was, wovor du dich fürchtest?«

Hugh wollte ihm alles erzählen. Aber er konnte nicht erzählen, was seine Mutter an jenem Nachmittag im vorigen September getan hatte. Es war zu schrecklich und zu – seltsam. Es war wie etwas, was ein *Patient* tun würde, aber keineswegs jemand wie seine Mutter. Obwohl seine Augen sich vor Entsetzen weiteten und sein Körper zitterte, sagte er: »Ich fürchte mich nicht.«

»Also, dann mach's gut! Tut mir leid, dass ich gehen muss. Pflicht ist Pflicht.«

John schloss die Haustür, und er war allein in dem leeren Haus. Nichts konnte ihn jetzt retten. Selbst wenn eine ganze Schar Jungen im Wohnzimmer vor dem Fernseher säße und über komische Gags und Witze lachte, würde es ihm doch nichts nützen. Er musste hinaufgehen und sie suchen. Er wollte sich von dem, was John zuletzt gesagt hatte, etwas Mut holen und wiederholte die Worte laut: »Pflicht ist Pflicht!« Doch die Worte verhalfen ihm nicht zu Johns Sorglosigkeit und Mut; in der Stille klangen sie unheimlich und seltsam.

Er drehte sich langsam um und wollte hinaufgehen. Sein Herz war jetzt nicht wie ein Basketball, sondern wie eine wilde Jazztrommel und hämmerte schneller und schneller, während er die Treppe hinaufstieg. Er schleppte die Füße nach, als ginge er knietief durch Wasser, und hielt sich am Geländer fest. Das Haus sah seltsam aus – verrückt. Als er auf den Tisch im Flur unten mit der Vase voll frischer Frühlingsblumen hinunterschaute, erschien ihm auch das irgendwie eigentümlich. Im oberen Stock war ein Spiegel, und sein eigenes Gesicht erschreckte ihn, so verrückt sah es aus. Im Spiegelbild standen die Buchstaben seines Schulsweaters verkehrt herum, und sein Mund stand offen – wie bei einem Idioten in der Heilanstalt. Er machte den Mund zu und sah besser aus. Doch die Dinge, die er sah – der Tisch unten, das Sofa oben –, wirkten irgendwie zersprungen oder verzerrt, weil er so voller Angst war, obgleich es doch vertraute, alltägliche Dinge waren. Er heftete den Blick auf die geschlossene Badezimmertür rechts von der Treppe, und die wilde Jazztrommel hämmerte schnell und schneller.

Er öffnete die Badezimmertür, und einen Augenblick später ließ ihn die Furcht, die ihn den ganzen Nachmittag gequält hatte, das Badezimmer so sehen, wie er es ›letztes Mal‹ gesehen hatte. Seine Mutter lag auf dem Fußboden, und überall war Blut. Seine Mutter lag tot da, und überall war Blut, auch auf ihrem aufgeschnittenen Handgelenk, und eine Blutlache war bis zur Badewanne gesickert und aufgestaut worden. Hugh berührte den Türrahmen und fand Halt. Dann kam das Badezimmer zur Ruhe, und er begriff, dass es nicht ›letztes Mal‹ war. Der Aprilsonnenschein erhellte die sauberen weißen Fliesen. Nichts als ein blitzblankes Badezimmer war da und das sonnige Fenster. Er ging ins Schlafzimmer und sah das leere Bett mit der rosa Decke. Damensachen standen auf dem Frisiertisch. Das Zimmer sah aus wie immer, und nichts war geschehen… nichts war geschehen, und er warf sich auf die rosa Steppdecke und weinte vor Erleichterung und nervöser, trostloser Übermüdung, die so lange gewährt hatte. Die Schluchzer erschütterten seinen ganzen Körper und beruhigten sein wildes, jazzhämmerndes Herz.

Hugh hatte all die Monate nicht geweint. Er hatte ›letztes Mal‹ nicht geweint, als er seine Mutter allein im leeren Haus gefunden hatte und als überall Blut war. Er hatte nicht geweint, aber er hatte einen Pfadfinder-Fehler begangen. Er hatte zuerst den schweren, blutigen Körper seiner Mutter hochgehoben, ehe er versucht hatte, sie zu verbinden. Er hatte nicht geweint, als er seinen Vater rief. Er hatte nicht in jenen Tagen geweint, als sie zusammen überlegten, was zu tun sei. Er hatte nicht einmal geweint, als der Doktor Milledgeville vorschlug, auch nicht, als er und sein Vater sie im Wagen zum Krankenhaus brachten, obwohl sein Vater auf dem Rückweg weinte. Er hatte nicht wegen der Mahlzeiten geweint, die sie sich zusammen zubereiteten – einen ganzen Monat hindurch jeden Abend Steaks, so dass sie glaubten, Steaks müssten ihnen aus den Augen und Ohren laufen. Danach hatten sie auf warme Würstchen umgeschaltet und aßen sie so lange, bis ihnen die warmen Würstchen aus Ohren und Augen liefen. Mit ihrem Essen gerieten sie in einen ewig gleichen Trott und hielten die Küche nie sauber, so dass sie niemals nett war, ausgenommen am Samstag, wenn die Putzfrau kam. Er weinte nicht an den einsamen Nachmittagen, nachdem er sich mit Clem Roberts geschlagen hatte und meinte, die andern Jungen glaubten allerlei Ausgefallenes von seiner Mutter. Er blieb zu Hause in der liederlichen Küche und aß Feigen oder Schokoladestangen. Oder er ging zum Fernsehen zu einer Nachbarin, Miss Richards, einer alten Jungfer, die sich altjüngferliche

Stücke ansah. Er hatte nicht geweint, als sein Vater zu viel trank und den Appetit verlor und als Hugh alleine essen musste. Er hatte nicht einmal an den langen Warte-Sonntagen geweint, wenn sie nach Milledgeville fuhren, wo er zweimal auf einer Veranda eine Dame ohne Schuhe sah, die Selbstgespräche führte. Eine Dame, die eine Patientin war und mit einem Grauen nach ihm schlug, das er sich nicht erklären konnte. Er weinte nicht, als seine Mutter anfangs immer sagte: ›*Wenn du mich hierlässt, ist es eine Strafe! Lass mich nach Hause gehen!*‹ Er hatte nicht bei den furchtbaren Worten geweint, die ihn verfolgten: ›Wechseljahre‹ – ›Milledgeville‹ – ›verrückt‹, er konnte nicht weinen während all der langen Monate, die sich in Trübsinn und Sehnsucht und Furcht hinzogen.

Er weinte noch immer auf der rosa Bettdecke, die seine nassen Wangen als weich und kühl empfanden. Er schluchzte so laut, dass er nicht hörte, wie die Haustür geöffnet wurde, das Rufen seiner Mutter oder ihre Schritte auf der Treppe. Er schluchzte noch, als seine Mutter ihn berührte und vergrub sein Gesicht tief in der Decke. Er machte sogar die Beine steif und schlug mit den Füßen aus.

»Aber Loveyboy«, sagte seine Mutter und rief ihn mit einem längst nicht mehr benutzten Kindernamen. »Was ist passiert?«

Er schluchzte lauter, obwohl seine Mutter versuchte, sein Gesicht zu sich hinzudrehen. Er wollte, dass sie sich sorgte. Er drehte sich nicht um, bis sie schließlich vom Bett wegging, und dann schaute er sie an. Sie trug ein neues Kleid – blaue Seide schien es im blassen Frühlingslicht zu sein.

»Darling, was ist passiert?«

Das Entsetzen des Nachmittags war verflogen, aber er konnte seiner Mutter nicht davon erzählen. Er konnte ihr nicht erzählen, was er befürchtet hatte, nicht das Grauen von Dingen erklären, die gar nicht da waren – aber einmal da gewesen waren.

»Warum hast du es getan?«

»Es war der erste warme Tag, und da hab ich beschlossen, mir ein paar neue Kleider zu kaufen.«

Aber er sprach nicht von Kleidern; er dachte an das ›letzte Mal‹ und an den Groll, der in ihm aufgestiegen war, als er das Blut und das Grauen sah und dachte: *Warum hat sie mir das angetan?* Er dachte an seinen Groll gegen die Mutter, die er am meisten in der Welt liebte. All die letzten, traurigen Monate hatten Zorn und Liebe miteinander im Widerstreit gelegen, dazwischen das Schuldgefühl.

»Ich habe zwei Kleider und zwei Unterröcke gekauft. Wie gefallen sie dir?«

»Scheußlich!«, sagte Hugh zornig. »Dein Unterkleid schaut raus!«

Sie drehte sich zweimal um, und das Unterkleid schaute furchtbar weit heraus. »Es *soll* herausschauen, Dummchen! Das ist jetzt Mode!«

»Deshalb gefällt's mir doch nicht.«

»Ich hab in einem Tearoom ein Sandwich gegessen und dazu Kakao getrunken, und dann ging ich zu Mendels. Sie hatten so viel hübsche Sachen, dass ich kaum weggehen konnte. Jetzt habe ich die zwei Kleider gekauft, und sieh mal, Hugh, die Schuhe!«

Seine Mutter trat ans Bett und schaltete das Licht an, damit er sie sehen könne. Die Schuhe hatten flache Absätze und waren blau – mit Brillantgeglitzer auf den Zehenspitzen. Er wusste nicht, wie er sie beurteilen sollte. »Sie sehen mehr wie Abendschuhe aus – und nicht wie Schuhe, die du auf der Straße trägst.«

»Ich habe noch nie farbige Schuhe gehabt! Ich konnte einfach nicht widerstehen!«

Seine Mutter tänzelte gewissermaßen zum Fenster hinüber und ließ das Unterkleid unter dem neuen Kleid umherwirbeln.

Hugh hatte jetzt zu weinen aufgehört, aber er war immer noch zornig.

»Es gefällt mir nicht, weil du drin aussiehst, als wolltest du jünger wirken, und ich wette, dass du vierzig bist!«

Seine Mutter hörte mit dem Getänzel auf und blieb ruhig am Fenster stehen. Ihr Gesicht war plötzlich still und traurig. »Im Juni werde ich dreiundvierzig.«

Er hatte ihr weh getan, und plötzlich war der Zorn vergangen, und es war nur noch Liebe da. »Mama, das hätte ich nicht sagen sollen!«

»Als ich einkaufte, merkte ich, dass ich seit über einem Jahr nicht in einem Geschäft gewesen war. Stell dir das vor!«

Hugh konnte der stillen Traurigkeit und der Mutter, die er so liebte, nicht widerstehen. Er konnte seiner Mutter nicht widerstehen, die so hübsch war. Er wischte sich mit dem Sweaterärmel die Tränen ab und stand auf. »Ich habe dich noch nie so hübsch gesehen und noch nie ein so hübsches Kleid und Unterkleid!« Er kauerte sich vor seiner Mutter hin und befühlte die glänzenden Schuhe. »Die Schuhe sind wirklich prima!«

»In der Minute, als ich sie sah, wusste ich, dass sie dir gefallen würden.« Sie zog Hugh zu sich herauf und küsste ihn auf die Wange. »Oh, jetzt habe ich dich mit meinem Lippenstift rot gemacht!«

Hugh wiederholte eine witzige Bemerkung, die er früher einmal gehört hatte, und wischte sich den Lippenstift ab: »Es beweist nur, wie beliebt ich bin.«

»Hugh, warum hast du so geweint, als ich ins Zimmer kam? Hast du dich über etwas in der Schule aufgeregt?«

»Es war bloß, weil du weg warst, als ich nach Hause kam, und kein Zettel und nichts da war…«

»Den Zettel habe ich rein vergessen.«

»Und den ganzen Nachmittag war mir… John Laney war hier, aber er musste wieder weg und Karten für den Glee-Klub verkaufen. Den ganzen Nachmittag war mir…«

»Wie denn? Was war los?«

Aber er konnte der Mutter, die er liebte, nichts von dem Entsetzen und der Ursache erzählen. Schließlich sagte er: »Den ganzen Nachmittag war mir so… seltsam.«

Nachher, als sein Vater nach Hause kam, rief er Hugh, er solle zu ihm in den Hof kommen. Sein Vater machte ein besorgtes Gesicht – als hätte er ein wertvolles Werkzeug erblickt, das Hugh draußen gelassen hatte. Aber es war kein Werkzeug da, und der Basketball war auf seinem Platz auf der Hofveranda.

»Son«, sagte sein Vater, »ich möchte dir etwas sagen.«

»Ja, bitte?«

»Deine Mutter hat mir erzählt, dass du heute

Nachmittag geweint hast.« Sein Vater wartete nicht, dass er es erklärte. »Ich möchte nur, dass wir beide uns ganz gut verstehen. Ist irgendetwas in der Schule – oder mit den Mädchen – oder sonst etwas, das dich quält? Warum hast du geweint?«

Hugh blickte auf den Nachmittag zurück, und schon war er weit weg und so fern wie ein merkwürdiger Anblick, den man hat, wenn man durchs verkehrte Ende eines Fernrohrs schaut.

»Ich weiß es nicht«, antwortete er. »Wahrscheinlich war ich etwas nervös.«

Sein Vater legte ihm den Arm um die Schulter. »Niemand kann nervös sein, bevor er sechzehn Jahre alt wird. Bis dahin hast du noch lange Zeit.«

»Ja.«

»Ich finde, deine Mutter hat noch nie so gut ausgesehen. Sie sieht so fröhlich und hübsch aus, besser als seit Jahren. Hast du das bemerkt?«

»Das Unterkleid – der Unterrock soll rausschauen. Es ist eine neue Mode!«

»Bald ist der Sommer da«, sagte sein Vater. »Und dann machen wir Ausflüge mit Picknick – zu dritt!« Die Worte ließen sofort ein Bild vom Sonnenglanz auf dem goldenen Bach und von dem abenteuerreichen Wald mit seinem Sommerlaub erstehen. Sein Vater fuhr fort: »Ich wollte dir etwas anderes sagen.«

»Ja, bitte?«

»Ich möchte dir sagen, dass ich genau weiß, wie tüchtig du dich in all den schlimmen Tagen verhalten hast. Sehr tüchtig! Verdammt tüchtig!«

Sein Vater gebrauchte das Wort ›verdammt‹, als spräche er mit einem Erwachsenen. Sein Vater war nicht der Mann, der mit Komplimenten freigebig war – er war immer streng in Bezug auf Schulzeugnisse und liegengebliebenes Werkzeug. Nie hatte sein Vater ihn gelobt oder in der Sprache der Erwachsenen mit ihm geredet. Hugh spürte, wie ihm das Gesicht heiß wurde, und er berührte es mit seinen kalten Händen.

»Das wollte ich dir eben sagen, Son.« Er schüttelte Hugh bei der Schulter. »In einem Jahr oder so bist du größer als dein alter Herr!« Sein Vater ging rasch ins Haus und überließ Hugh dem angenehmen und ungewohnten Nachgeschmack seiner Lobesworte.

Hugh stand auf dem dunkler werdenden Hof, während die Sonnenuntergangsfarben verblassten und die Glyzinie dunkelviolett wurde. In der Küche brannte Licht, und er sah, dass seine Mutter das Abendbrot zurechtmachte. Er wusste, dass etwas zu Ende war. Das Entsetzen war ihm jetzt so fern und auch der Zorn, der mit der Liebe in Widerstreit gelegen hatte, und die Furcht und das Schuldgefühl. Obwohl er meinte, dass er nie wieder weinen würde – oder wenigstens nicht, bevor er sechzehn war –, erglänzte die sichere, helle Küche im Schimmer seiner Tränen, jetzt, da er nicht länger ein verfolgter Junge war, jetzt, da er irgendwie froh war und sich nicht fürchtete.

Wer hat den Wind gesehen?

Den ganzen Nachmittag hatte Ken Harris vor dem leeren Blatt in seiner Schreibmaschine gesessen. Es war Winter; draußen schneite es. Der Schnee dämpf-te den Straßenlärm, und die kleine Wohnung in Greenwich Village war so still, dass ihn das Ticken des Weckers störte. Er arbeitete im Schlafzimmer, da ihn der Raum mit den Sachen seiner Frau beruhigte, weil er sich hier weniger einsam fühlte. Den Drink vor dem Essen zum Appetitanregen – oder war es ein Augenöffner gewesen? – hatte er durch eine Büchse *Chili con carne* neutralisiert, die er allein in der Küche gegessen hatte.

Um vier Uhr steckte er den Wecker in den Wäschekorb und setzte sich dann wieder vor die Schreibmaschine. Das Papier war immer noch unbeschrieben, und das weiße leere Blatt leerte all seinen Verstand. Und doch hatte es einst eine Zeit gegeben (wie lange war das her?), da ein Lied an der Straßenecke, eine Stimme aus der Kinderzeit und der Rundblick der Erinnerung die Vergangenheit verdichteten, so dass Zufälliges und Tatsächliches in einen Roman, in eine Erzählung umgewandelt wurden – und es hatte einst eine Zeit gegeben, da das leere Blatt die Erinnerungen heraufbeschwor und sichtete und er die geisterhafte Schaffenskraft seiner Kunst verspürte. Kurz gesagt, eine Zeit, als er ein Schriftsteller war und fast jeden Tag schrieb. Er arbeitete angestrengt, brach langen Sätzen achtsam den Rücken, strich hässliche Ausdrücke durch und änderte Wörter, die sich wiederholten.

Jetzt saß er da, geduckt und irgendwie von Ängsten erfüllt, ein blonder Mann Ende der dreißig mit Ringen unter den austernblauen Augen und mit einem üppigen, blassen Mund. An den sengenden Wind seines Kinderlandes Texas dachte er, als er aus seinem Fenster auf den niedersinkenden New Yorker Schnee blickte. Dann plötzlich tat sich in seinem Gedächtnis ein Ventil auf, und er sprach die Worte laut vor sich hin, während er sie tippte:

Wer hat den Wind gesehen?
Weder ich noch du, mein Kind.
Doch wenn die Bäume sich neigen,
dann zieht er vorbei, der Wind.

Der Kinderreim schien ihm so unheilvoll, dass ihm, während er darüber nachsann, vor nervösem Schweiß die Handflächen feucht wurden. Er zerrte die Seite aus der Maschine, zerriss sie in viele Fetzen und ließ sie in den Papierkorb fallen. Es erleichterte ihn, dass er um sechs zu einer Gesellschaft gehen musste, und er war froh, die stumme Wohnung und den zerrissenen Vers hinter sich zu lassen und durch die kalten, aber trostvollen Straßen zu gehen.

In der Untergrundbahn herrschte das trübe Licht des ›Unter-Tag-Seins‹, und nach dem Schneeduft war die Luft dort fötal. Ken bemerkte einen Mann, der auf einer Bank lag, aber er stellte keine Vermutungen über die Geschichte des Fremdlings an, wie er es sonst vielleicht getan hätte. Er beobachtete die schwankenden Wagen des sich nähernden Expresszuges und schreckte vor dem stählernen Lufthauch zurück. Er sah, wie die Türen sich öffneten und sich schlossen – es war sein Zug –, und starrte verloren drein, als die Untergrundbahn geräuschvoll davonrasselte. Trauer fraß an ihm, während er auf die nächste wartete.

Rodgers Wohnung befand sich in einem Penthouse weit oben in der City, und die Party hatte schon angefangen. Es herrschte ein Durcheinander und Stimmengewirr, und es roch nach Gin und Appetitbissen. Während er neben Esther am Eingang zu den überfüllten Räumen stand, sagte er:

»Wenn ich neuerdings an eine große Party

komme, muss ich an die letzte Gesellschaft des Duc de Guermantes denken.«

»Wie bitte?«, sagte Esther.

»Erinnern Sie sich nicht, wie Proust – das Ich, der Erzähler – in all die vertrauten Gesichter blickt und über die Veränderungen durch die Zeit nachgrübelt? Eine herrliche Stelle – ich lese sie jedes Jahr.«

Esther sah verwirrt aus. »Es ist so laut. Kommt Ihre Frau auch?«

Kens Gesicht zuckte ein wenig; er nahm von dem Martini, den das Mädchen herumreichte. »Sie kommt, sobald sie ihr Büro verlassen kann.«

»Marian arbeitet so angestrengt – all die Manuskripte, die sie lesen muss!«

»Wenn ich mich auf einer Party wie der hier befinde, ist's immer fast genau dasselbe. Und doch ist der furchtbare Unterschied da. Als wäre die Tonart erniedrigt, verschoben. Der furchtbare Unterschied der Jahre, die vorbeiziehen, das Betrügerische, Grauenhafte der Zeit, Proust...«

Aber die Hausfrau hatte sich entfernt, und er stand allein in den überfüllten Gesellschaftsräumen. Er blickte auf Gesichter, die er in den letzten dreizehn Jahren bei Gesellschaften gesehen hatte – ja, sie waren alle gealtert. Esther war jetzt richtig dick, und ihr Samtkleid war zu eng; verkommen sah sie aus, fand er, und vom Whisky aufgeschwemmt. Es war eine Veränderung da... vor dreizehn Jahren, als er *The Night of Darkness* herausgebracht hatte, war Esther ganz versessen auf ihn und hätte ihn nie allein am Rande der Party stehenlassen. Damals war er der verwöhnte Liebling gewesen. Der verwöhnte Liebling der feilen Fortuna – hieß die feile Fortuna: Erfolg, Geld, Jugend? Er sah zwei junge Schriftsteller am Fenster stehen – und in zehn Jahren würde ihr Kapital an Jugend von der feilen Fortuna wieder eingefordert werden. Der Gedanke machte Ken Spaß, und er aß ein Schinkenbrötchen, das ihm angeboten wurde.

Dann sah er hinten im Zimmer jemand, den er sehr bewunderte. Es war Mabel Goodley, die Malerin und Bühenbildnerin. Ihr blondes Haar war kurz und leuchtend, und ihre Brille glitzerte im Licht. Mabel hatte *The Night of Darkness* immer geliebt, und als er sein Guggenheim-Stipendium bekam, hatte sie eine Gesellschaft für ihn gegeben. Und, was wichtiger war: Sie hatte gefunden, sein zweites Buch sei besser als das erste – trotz aller dummen Kritiken. Er wollte auf Mabel zugehen, wurde aber von John Howards aufgehalten, einem Verleger, den er manchmal bei Gesellschaften traf.

»Hi«, rief Howards, »was schreiben Sie jetzt Schönes? Oder ist die Frage nicht erlaubt?«

Es war eine Redensart, die Ken verabscheute. Eine Menge Antworten waren möglich: Manchmal sagte er, dass er einen langen Roman beende, ein andermal, dass er absichtlich eine Pause einschalte. Eine gute Antwort gab es nicht, einerlei, was man sagte. Sein Magen krampfte sich zusammen, und er bemühte sich verzweifelt, unbekümmert aus-zu-sehen.

»Ich erinnere mich noch gut an das Aufsehen, das *The Doorless Room* damals in der literarischen Welt erregte: ein gutes Buch!«

Howards war groß; er trug einen braunen Tweedanzug. Ken blickte entgeistert zu ihm auf und wappnete sich gegen einen so unerwarteten Angriff. Doch die braunen Augen blickten merkwürdig unschuldig, und Ken konnte keine Bosheit in ihnen entdecken.

Eine Frau mit eng um den Hals geschlungenen Perlen sagte nach einer peinlichen Sekunde: »Aber Schatz, Mr. Harris hat gar nicht *The Doorless Room* geschrieben!«

»Oh«, sagte Howards hilflos.

Ken blickte auf die Perlen der Frau und hätte sie am liebsten erwürgt. »Es ist doch vollkommen gleichgültig.«

Der Verleger ließ sich nicht davon abbringen und wollte es wiedergutmachen. »Aber Sie heißen doch

Ken Harris? Und Sie sind mit Marian Campbell verheiratet, die als Literaturredakteurin bei…«

Die Frau sagte schnell: »Ken Harris hat *The Night of Darkness* geschrieben, ein sehr gutes Buch.«

Harris fand, dass der Hals der Frau mit den Perlen und dem schwarzen Kleid sehr schön aussähe. Sein Gesicht hellte sich auf – bis sie sagte: »Es war vor etwa zehn oder fünfzehn Jahren, nicht wahr?«

»Ich erinnere mich«, sagte der Verleger. »Ein sehr gutes Buch! Wie konnte ich's nur verwechseln! Und wann dürfen wir uns auf ein zweites Buch freuen?«

»Das zweite Buch ist schon erschienen«, sagte Ken. »Es ging sang- und klanglos unter. Ein Versager.« Er rechtfertigte sich: »Die Kritiker waren noch stumpfsinniger als üblich! Ich bin kein Bestsellerfabrikant!«

»Das war schade«, sagte der Verleger. »Manchmal ist's ein Berufsleiden.«

»Das zweite Buch war besser als *The Night of Darkness.* Manche Kritiker sagten, es sei unverständlich. Das Gleiche haben sie von Joyce gesagt.« Mit der Treue des Schriftstellers zu seiner jüngsten Schöpfung schloss er: »Es ist ein viel besseres Buch als das erste, und ich bin der Überzeugung, dass ich erst am Anfang meines eigentlichen Schaffens stehe.«

»Das ist die richtige Einstellung«, sagte der Verleger. »Hauptsache, dass man unablässig weiterschuftet. Woran arbeiten Sie jetzt gerade, falls die Frage erlaubt ist?«

Jäh stieg die Wut in ihm auf. »Das geht Sie nichts an!« Ken hatte nicht sehr laut gesprochen, doch die Worte waren vernehmbar, und im Cocktailzimmer bildete sich plötzlich ein Kreis aus Schweigen. »Das geht Sie einen verdammten Dreck an.«

Durch das ruhige Zimmer drang die Stimme der alten Mrs. Beckstein, die taub war und auf einem Eckstuhl saß. »Warum kaufen Sie so viele Steppdecken?«

Die unverheiratete Tochter, die immer bei ihrer Mutter war und sie wie eine Fürstlichkeit oder ein heiliges Tier behütete und zwischen ihrer Mutter und der Welt vermittelte, erklärte laut: »Mrs. Brown hat gesagt …«

Das Geplätscher der Party hob wieder an, und Ken trat an den Tisch mit den Drinks, nahm sich noch einen Martini und tauchte ein Stückchen Blumenkohl in irgendeine Soße. Während er aß und trank, hatte er dem lauten Zimmer den Rücken gekehrt. Dann nahm er einen dritten Martini und bahnte sich einen Weg zu Mabel Goodley. Er setzte sich neben sie auf den Diwan, gab auf den Drink acht und tat zuerst etwas förmlich. »Was für ein anstrengender Tag es war!«, sagte er.

»Was hast du gemacht?«

»Auf dem Hintern gesessen.«

»Ein Schriftsteller, mit dem ich früher bekannt war, bekam Kreuzbeinerkrankung von zu langem Sitzen. Könnte dir so was passieren?«

»Nein«, erwiderte er. »Du bist der einzige ehrliche Mensch in dem Zimmer hier!«

Er hatte so vielerlei versucht, als es mit den leeren Seiten losging. Er hatte versucht, im Bett zu schreiben, und eine Zeitlang hatte er zuerst mit der Hand geschrieben, anstatt gleich mit der Maschine. Er hatte an Proust und sein mit Kork abgedichtetes Zimmer gedacht, und einen Monat lang hatte er Ohrenstöpsel benutzt, aber die Arbeit rückte deshalb nicht rascher voran, und der Gummi rief eine krankhafte Geschwulst hervor. Dann waren sie nach Brooklyn Heights gezogen, doch es hatte nichts genützt.

Als er erfuhr, dass Thomas Wolfe im Stehen geschrieben und sein Manuskript oben auf den Eisschrank gelegt habe, da hatte er sogar das versucht. Doch er machte nur dauernd den Eisschrank auf und aß etwas. Er hatte versucht, in der Trunkenheit zu schreiben, wenn die Gedanken und die Bilder wunderbar waren, solange man sie niederschrieb; wenn man sie jedoch später überlas, veränderten sie sich auf traurige Art. Er hatte sehr früh am Morgen geschrieben, und wenn er stocknüchtern und todunglücklich war. Er hatte an Thoreau und *Walden* gedacht. Er hatte von praktischer Betätigung und von einer Apfelfarm geträumt. Wenn er lange Spaziergänge über die Heide machen könnte, würde vielleicht das Licht der Schaffenskraft wieder aufflammen – aber wo war die Heidelandschaft New Yorks?

Er tröstete sich mit den Schriftstellern, die keine Anerkennung gefunden hatten, sondern erst nach ihrem Tode berühmt wurden. Als er zwanzig war, erträumte er sich, mit dreißig zu sterben, und nach seinem Tode sollte sein Name hell erstrahlen. Als er fünfundzwanzig war und *The Night of Darkness* beendet hatte, erträumte er sich, als Berühmtheit zu sterben, ein Superschriftsteller, der mit fünfunddreißig Jahren ein Œuvre geschaffen hat und auf dem Sterbebett den Nobelpreis erhält. Doch jetzt, da er beinahe vierzig war und zwei Bücher veröffentlicht hatte, von denen eins ein Erfolg und das andere ein Versager war, sann er nicht mehr über seinen Tod nach.

»Ich möchte mal wissen, warum ich überhaupt noch schreibe«, sagte er. »Es ist ein Leben voller Enttäuschungen.«

Er hatte irgendwie erwartet, dass Mabel, seine

Freundin, entgegnen würde, er sei der geborene Schriftsteller, und dass sie ihn vielleicht an seine Pflicht gegenüber seinem Talent erinnern oder vielleicht sogar das Wort Genie gebrauchen würde, jenes Zauberwort, das Ungemach und äußeres Versagen in schmerzlichen Ruhm verwandelt. Doch Mabels Antwort erschreckte ihn.

»Ich glaube, mit dem Schreiben ist es wie mit dem Theater. Wenn man einmal zu schreiben oder zu spielen begonnen hat, dann steckt es einem im Blut.«

Er verachtete Schauspieler: Sie waren eitel und affektiert und stets stellenlos. »Ich sehe die Schauspielkunst nicht als schöpferische, sondern nur als vermittelnde Kunst an. Der Schriftsteller dagegen muss ›den Phantomfelsen‹ behauen …«

Er sah seine Frau aus dem Vorflur kommen. Marian war groß und schlank und hatte gerade, kurze schwarze Haare; sie trug ein einfaches schwarzes Kleid – ein nach Büro aussehendes Kleid – ohne jeglichen Schmuck. Sie hatten vor dreizehn Jahren geheiratet – im gleichen Jahr, in dem *The Night of Darkness* erschienen war, und lange Zeit hatte er vor Liebe gezittert. Es gab Zeiten, da hatte er Marian mit dem ekstatischen Staunen des Liebenden erwartet und mit süßem Schauder, wenn er sie endlich sah. Es waren die Zeiten, in denen sie einander fast jede Nacht und oft auch am frühen Morgen in den Armen lagen. Im ersten Jahr war sie sogar hin und wieder während der Mittagspause vom Büro nach Hause gegangen, und sie hatten sich im hellen City-Tageslicht geliebt.

Endlich war ihr Verlangen zur Ruhe gekommen, und sein Körper musste nicht mehr vor Liebe erzittern. Er arbeitete an seinem zweiten Buch, und es ging nur schwer voran. Dann hatte er das Guggenheim-Stipendium bekommen, und sie waren nach Mexiko gefahren, denn in Europa war Krieg. Sein Buch ließ er im Stich, und obwohl die frohe Erregung über den Erfolg noch anhielt, war er nicht zufrieden. Er wollte schreiben, schreiben, schreiben – aber Monat um Monat verstrich, und er schrieb nichts.

Marian sagte, er tränke zu viel und vertrödele die Zeit, und er warf ihr ein Glas Rum ins Gesicht. Dann kniete er vor ihr nieder und weinte. Er war zum ersten Mal in einem fremden Land, und die Zeit war von ganz absolutem Wert, weil es eben ein fremdes Land war. Er wollte vom Blau der Mittagshimmel schreiben, von den Schatten Mexikos, von der wasserklaren Bergluft. Aber ein Tag folgte dem andern, stets Tage von Wert, weil in einem fremden Land – und er schrieb nichts.

Sogar Spanisch lernte er nicht, und es ärgerte ihn, wenn Marian mit dem Koch und andern Mexikanern sprechen konnte. (Für Frauen war es leichter, sich eine fremde Sprache anzueignen, und außerdem konnte sie Französisch.) Und gerade weil das Leben in Mexiko so billig war, wurde es teuer. Er gab das Geld so leicht wie Trickgeld oder Theatergeld aus, und der Guggenheim-Scheck war meistens schon im Voraus verbraucht.

Doch er lebte in einem fremden Land, und über kurz oder lang mussten sich die Tage in Mexiko für ihn als Schriftsteller von wirklichem Wert erweisen.

Dann geschah nach acht Monaten etwas Seltsames: Fast ohne ihn vorher zu benachrichtigen, nahm Marian ein Flugzeug nach New York. Er musste sein Guggenheim-Jahr unterbrechen und ihr folgen. Und dann wollte sie nicht mit ihm zusammenleben und ihn nicht in ihre Wohnung lassen. Sie sagte, es sei so, als wollte man mit zwanzig römischen Kaisern, zu einem einzigen verbacken, zusammenleben, und das hätte sie satt. Marian erhielt eine Stelle als literarische Hilfsredakteurin bei einer Modezeitschrift, und er hauste in einer Wohnung ohne Warmwasser: Ihre Ehe war ein Reinfall, und sie lebten getrennt, obwohl er noch immer versuchte, ihr nachzulaufen. Die Guggenheim-Leute wollten sein Stipendium nicht erneuern, und bald war auch die Anzahlung auf das zweite Buch verbraucht.

In jene Zeit ungefähr fiel ein Morgen, den er niemals vergessen würde, obwohl nichts, rein gar nichts geschehen war. Es war ein sonniger Herbsttag, und der Himmel stand klar und grün über den Wolkenkratzern. Er war zum Frühstück in eine Cafeteria gegangen und saß am hellen Fenster. Die Leute auf der Straße gingen rasch vorbei, alle gingen irgendwohin. In der Cafeteria herrschte die übliche Frühstückshetze, das Klappern von Tabletts und der Lärm vieler Stimmen. Menschen kamen herein und aßen und gingen weg, und jeder schien so zuversichtlich und seines Ziels so gewiss zu sein.

Sie schienen ein Ziel als selbstverständlich vorauszusetzen, das nicht nur die Routine ihres Berufslebens und ihrer Verabredungen war. Obwohl die meisten Leute allein kamen, schien jeder irgendwie Teil des andern zu sein, ein Teil der klaren, herbstlichen Stadt, während er abgesondert schien, eine isolierte Ziffer im Muster der zielbewussten City.

Sonnenschein glasierte seine Marmelade, und er strich sie auf ein Stück Toast, aß es aber nicht. Der Kaffee hatte einen bläulichen Schimmer, und am Rande der Tasse entdeckte er eine blasse Spur von altem Lippenstift. Es war eine Stunde voller Trostlosigkeit, obwohl überhaupt nichts geschah.

Jetzt, viele Jahre später, bei der Cocktailparty, erinnerten ihn der Lärm und die Zuversicht der andern und seine eigene Isoliertheit an das Frühstück in der Cafeteria, und wegen des unaufhaltsamen Dahingleitens der Zeit war diese Stunde noch trostloser.

»Da ist Marian«, sagte Mabel. »Sie sieht müde aus und magerer!«

»Hätten die verdammten Guggenheim-Leute mein Stipendium erneuert, dann könnte ich Marian ein Jahr nach Europa führen«, sagte er. »Die verdammten Guggenheim-Leute! Schriftstellern geben sie überhaupt keine Stipendien mehr. Bloß Physikern – Menschen, die einen neuen Krieg vorbereiten.«

Der Krieg war für Ken eine Erlösung gewesen. Er war froh, das Buch im Stich zu lassen, dass er sich von seinem ›Phantomfelsen‹ ab- und den allgemeinen Erlebnissen zuwenden konnte – denn bestimmt war der Krieg das große Erlebnis seiner Generation. Er absolvierte die Offiziersschule, und als Marian ihn in seiner Uniform sah, weinte sie und liebte ihn – und von Scheidung war nicht wieder die Rede. Während seines letzten Urlaubs liebten sie sich so häufig wie während der ersten Monate ihrer Ehe.

In England regnete es jeden Tag, und einmal lud ihn ein Lord auf sein Schloss ein. Am D-Tag setzte er mit seinem Bataillon über den Kanal, und dann rückten sie dauernd vor, bis nach Schmitz. Im Keller einer in Trümmern liegenden Stadt sah er eine Katze, die das Gesicht eines Leichnams beschnupperte. Er fürchtete sich, doch es war nicht das nackte Entsetzen wie in der Cafeteria oder die Angst vor dem leeren Blatt auf der Schreibmaschine. Immer geschah irgendetwas: Im Schornstein eines Bauernhauses fand er drei westfälische Schinken, und bei einem Autounfall brach er sich einen Arm.

Der Krieg war das große Erlebnis seiner Generation: Für einen Schriftsteller besaß jeder Tag einen absoluten Wert, weil es eben Krieg war. Doch als der Krieg vorbei war, worüber konnte man da schreiben? Über die Katze und den Leichnam, über den Lord in England, den gebrochenen Arm?

In der Wohnung in Greenwich Village setzte er sich wieder hinter das Buch, das er so lange vernachlässigt hatte. Eine Zeitlang empfand er in jenem Jahr nach dem Krieg das Hochgefühl des Schriftstellers, wenn er etwas geschrieben hat. Eine Zeitlang – als die Stimme der Kindheit, als ein Lied an der Straßenecke, als alles sich zusammenfügte. In der seltsamen Glücksstimmung seiner einsamen Arbeit war die Welt eins geworden. Er schrieb über eine andere Zeit, einen anderen Ort. Er schrieb von seiner Jugend in der windigen, griesigen Stadt in Texas, die seine Vaterstadt war.

Er schrieb von der Auflehnung der Jugend und von der Sehnsucht nach strahlenden Städten, vom Heimweh nach einer Gegend, die er nie gesehen hatte. Während er *One Summer Evening* schrieb, lebte er in einer Wohnung in New York, doch sein eigentliches Leben spielte sich in Texas ab, und die Entfernung war eine schlimmere als nur eine räumliche: Es war die traurige Entfernung zwischen den mittleren Jahren und der Jugend. Solange er sein Buch schrieb, war er also aufgespalten zwischen zwei Wirklichkeiten: seinem New Yorker Alltagsleben und der Erinnerung an die Jugendakkorde in Texas.

Als das Buch veröffentlicht wurde und die Besprechungen nachlässig oder unfreundlich waren, wurde er gut damit fertig, wie er meinte – bis sich die Tage der Vereinsamung aneinanderreihten und das Entsetzen begann. Zu jener Zeit machte er seltsame Sachen. Einmal hatte er sich im Badezimmer eingeschlossen und stand da und hielt in der Hand eine Flasche mit Lysol, stand einfach da und hielt das Lysol und zitterte und war entsetzt. Eine halbe Stunde stand er so da, bis er nach großer Überwindung das Lysol langsam ins Klosett goss. Dann legte er sich aufs Bett und weinte, und erst spät am Nachmittag schlief er ein.

Ein andermal saß er am offenen Fenster und ließ ein Dutzend leere Seiten Papier die sechs Stockwerke hinunter auf die Straße flattern. Der Wind blies die Seiten vor sich her, während er eine nach der andern fallen ließ, und er empfand eine seltsame Genugtuung, als er ihnen nachsah, wie sie davonschwebten. Es war weniger die Sinnlosigkeit seiner Handlungen als vielmehr die sie begleitende ungeheure Gespanntheit, die Ken davon überzeugte, dass er krank war.

Marian schlug vor, er solle zu einem Psychiater gehen, und er erwiderte, Psychiater seien eine Avantgarde-Mode geistigen Kitzels geworden. Dann hatte er gelacht, aber Marian hatte nicht gelacht, und sein einsames Lachen endete mit einem Angstfrösteln. Schließlich war's Marian, die zum Psychiater ging, und Ken war auf beide neidisch – auf den Arzt, weil er der Schiedsrichter ihrer unglücklichen Ehe war, und auf Marian, weil sie ruhiger war und er haltloser wurde. In jenem Jahr schrieb er einige Fernsehstücke, verdiente ein paar tausend Dollar und kaufte Marian einen Leopardenmantel.

»Schreibst du noch Fernsehstücke?«, fragte Mabel.

»Nein«, sagte er. »Ich gebe mir die größte Mühe,

mein neues Buch in Gang zu bekommen. Du bist der einzige ehrliche Mensch in dem Zimmer hier. Mit dir kann ich reden.«

Er begann, durch den Alkohol aufgelockert und geborgen in ihrer Freundschaft (denn schließlich gehörte Mabel zu seinen liebsten Menschen), von seinem Buch zu sprechen, das er schon so lange zu schreiben versuchte. »Selbstbetrug ist das Hauptthema, und der Held ist ein Kleinstadtanwalt namens Winkle. Der Schauplatz ist Texas – meine Vaterstadt –, und die meisten Szenen spielen sich in dem schmuddeligen Amtszimmer des Gerichtsgebäudes ab. Zu Beginn des Buches sieht sich Winkle der folgenden Situation gegenüber ...« Ken entwickelte seine Fabel mit viel Begeisterung und erzählte von den verschiedenen Personen und von den mancherlei damit verknüpften Motivierungen.

Als Marian auf sie zutrat, sprach er noch immer, und er machte ihr ein Zeichen, ihn nicht zu unterbrechen, während er weitersprach und Mabel fest in die blauen Augen hinter den Brillengläsern blickte. Dann plötzlich überfiel ihn ein unheimliches Gefühl des Déjà-vu. Es war ihm, als hätte er Mabel den Inhalt des Buches schon einmal erzählt, an der gleichen Stelle und unter den gleichen Umständen. Sogar die Art, wie der Vorhang sich bewegte, war die gleiche. Nur füllten sich Mabels blaue Augen hinter den Brillengläsern mit Tränen, und er war froh, dass sie so aufgewühlt war. »Da sah sich Winkle also zur Scheidung gezwungen…« Seine Stimme schwankte. »Ich habe ein seltsames Gefühl, als hätte ich dir das schon mal erzählt.«

Mabel wartete einen Augenblick, und er schwieg. »Das stimmt, Ken«, sagte sie endlich. »Vor etwa fünf oder sechs Jahren und bei einer Gesellschaft, die der heutigen sehr glich.«

Er konnte das Mitleid nicht ertragen, das in ihren Augen stand, und auch nicht die Beschämung, die seinen eigenen Körper erzittern ließ. Er torkelte hoch und stolperte über seinen Drink.

Nach dem Getöse im Cocktailzimmer wirkte die kleine Terrasse vollkommen lautlos. Bis auf den Wind, der das Gefühl von Verlassenheit und Einsamkeit noch vertiefte. Um über seine Beschämung hinwegzukommen, sagte Ken laut etwas Zusammenhangloses: »Ach, was zum Kuckuck…«, und er lächelte vor hilfloser Angst. Aber seine Beschämung glomm noch nach, und er legte die kalte Hand auf seine heiße, pochende Stirn. Es schneite nicht mehr, doch der Wind jagte auf der weißen Terrasse flirrende Schneewirbel hoch.

Die Terrasse war etwa sechs Schritte lang, und Ken ging sehr langsam und beobachtete die unscharfen

Fußstapfen seiner schmalen Schuhe. Warum beobachtete er die Fußstapfen so gespannt?

Und warum stand er hier allein auf der winterlichen Terrasse, über die das Licht aus dem Cocktailzimmer ein kränklich gelbes Rechteck auf den Schnee warf? Und die Fußstapfen? Am Ende der Terrasse befand sich in Gürtelhöhe ein kleines Geländer. Als er sich auf das Geländer stützte, wusste er gleich, dass es sehr wackelig war, und er spürte, dass *er gewusst hatte, wie wackelig es sein würde*, und doch stützte er sich noch länger darauf. Das Penthouse lag im fünfzehnten Stock, und die Lichter der City glommen herauf. Er dachte, wenn er dem morschen Geländer einen einzigen Stoß gäbe, würde er fallen, doch er blieb ruhig und fühlte sich irgendwie geborgen und zufrieden.

Als ihn eine Stimme von der Terrasse her anrief, empfand er es als eine unentschuldbare Störung. Es war Marian, und sie rief leise: »Oh! Oh!« Nach einem Weilchen fuhr sie fort: »Ken, komm her! Was machst du da drüben?« Ken richtete sich auf. Als er wieder im Gleichgewicht war, gab er dem Geländer einen leichten Stoß. Es brach nicht. »Das Geländer hier ist altersschwach. Wahrscheinlich vom Schnee. Ich möchte mal wissen, wie viele Menschen hier schon Selbstmord begangen haben.«

»Wie viele?«

»Warum nicht? Es ist ganz einfach!«

»Komm da zurück!«

Sehr bedächtig trat er in die Fußstapfen, die er vorhin gemacht hatte. »Der Schnee muss einen Zoll hoch liegen!« Er bückte sich und untersuchte mit seinem Mittelfinger die Stärke der Schneeschicht. »Nein, zwei Zoll!«

»Ich friere!« Marian legte ihre Hand auf seinen Rücken, öffnete die Tür und steuerte ihn in die Gesellschaft hinein. Das Zimmer war jetzt stiller, und die Leute gingen nach Hause. Im hellen Licht und nach der Dunkelheit draußen bemerkte Ken, wie müde Marian aussah. Ihre schwarzen Augen hatten einen vorwurfsvollen, zerquälten Blick. Ken konnte es nicht ertragen, sie anzusehen.

»Liebes, hast du wieder was mit deiner Stirnhöhle?«

Ihr Zeigefinger strich leicht über die Stirn und den Nasensattel. »Es macht mir solche Sorge, wenn du in diesen Zustand gerätst«, sagte sie.

»Zustand? Ich?«

»Komm, wir wollen uns anziehen und gehn!«

Doch er konnte den Ausdruck ihrer Augen nicht ertragen, und er hasste sie, weil sie angedeutet hatte, er sei betrunken. »Ich gehe nachher noch zu Jim Johnsons Party.«

Nach der Jagd auf die Mäntel und nach flüchtigem

Abschied fuhr eine kleine Gruppe im Fahrstuhl nach unten und wartete dann auf dem Bürgersteig, um Taxis heranzupfeifen.

Sie besprachen ihr Fahrtziel, und Marian, der Verleger und Ken teilten sich in das erste Taxi, das citywärts fuhr. Kens Beschämung hatte sich etwas gemildert, und im Taxi fing er an, über Mabel zu sprechen.

»Wie traurig mit Mabel!«, sagte er.

»Was meinst du?«, fragte Marian.

»Alles. Sie zerfällt offensichtlich. Geht der Zerrüttung entgegen, das arme Ding!«

Marian behagte das Thema nicht, und sie fragte Howards:

»Wollen wir durch den Park fahren? Es ist hübsch, wenn es schneit, und es geht auch schneller.«

»Ich fahre dann weiter zur Fifth und Fourteenth«, sagte Howards. Dem Fahrer rief er zu: »Bitte durch den Park!«

»Das Betrübliche ist eben, dass Mabel *passé* ist. Vor zehn Jahren war sie eine originelle Malerin und Bühnenbildnerin. Vielleicht ist's ein Versagen ihrer Phantasie, oder sie trinkt zu viel. Sie hat ihre Ehrlichkeit verloren und macht immer wieder das Gleiche. Sie wiederholt sich ständig.«

»Unsinn«, sagte Marian. »Sie wird von Jahr zu Jahr besser und verdient haufenweise Geld.«

Sie fuhren durch den Park, und Ken blickte auf die Winterlandschaft. Der Schnee lag schwer auf den Parkbäumen, und hin und wieder, unter einem Windhauch, glitten Schneepolster von den Zweigen, obwohl die Bäume sich nicht neigten. Ken begann den alten Kinderreim vom Wind aufzusagen, und wieder riefen die Worte ein unheilvolles Echo hervor, und seine kalten Handflächen wurden feucht.

»An das Klimperliedchen hab ich seit Jahren nicht mehr gedacht«, sagte John Howards.

»Klimperliedchen? Es ist so aufwühlend wie Dostojewskij.«

»Ich erinnere mich, dass wir's im Kindergarten sangen. Und wenn ein Kind Geburtstag hatte, hing ein blaues oder rosa Band an seinem Stühlchen, und wir sangen alle *Happy Birthday!*«

John Howards kauerte eingezwängt vorne auf der Kante neben Marian. Es war schwierig, sich den großen, breitschultrigen Verleger vorzustellen, wie er vor vielen Jahren im Kindergarten gesungen hatte. Ken fragte: »Wo stammen Sie her?«

»Aus Kalamazoo«, sagte Howards.

»Ich hab mich immer gefragt, ob es einen solchen Ort wirklich gibt.«

»Es hat ihn gegeben, und es gibt ihn noch«, sagte Howards. »Meine Familie siedelte dann, als ich zehn Jahre alt war, nach Detroit über.«

Wieder überfiel Ken ein befremdendes Gefühl, und er dachte, wie wenig sich manche Leute von der Kinderzeit bewahrt hätten, so dass die Erwähnung von Kindergartenstühlchen und von Familienumzug irgendwie absonderlich erscheint. Plötzlich hatte er einen Einfall für eine Geschichte, die von einem solchen Mann handelte – er würde sie *Der Mann im Tweedanzug* nennen –, und er sann stumm vor sich hin, während sich die Geschichte in seinem Geist unter einem kurzen Aufblitzen des alten Hochgefühls entfaltete, das er jetzt so selten hatte.

»Der Wettermann sagt, heute Nacht sinkt's unter Null«, sagte Marian. »Sie können mich hier absetzen«, sagte Howards zum Fahrer, öffnete sein Portemonnaie und gab Marian etwas Geld. »Danke fürs Mitnehmen, und hier ist mein Anteil«, sagte er lächelnd. »Es war sehr nett, Sie wiederzusehen! Lassen Sie uns bald mal zusammen zu Mittag essen, und bringen Sie Ihren Mann mit, falls ihm etwas daran liegt!« Nachdem er aus dem Taxi gestolpert war, rief er Ken zu: »Ich freu mich auf Ihr nächstes Buch, Harris!«

»Idiot«, sagte Ken, als das Taxi weiterfuhr. »Ich setze dich zu Hause ab und bleibe dann noch einen Augenblick bei Jim Johnson!«

»Wer ist das? Warum musst du zu ihm?«

»'s ist ein Maler, den ich kenne, und ich bin eingeladen«, entgegnete Ken.

»Neuerdings machst du so viele Bekanntschaften«, sagte sie. »Mal gehst du zu einer Gruppe, und dann wechselst du zu einer andern über.«

Ken wusste, dass die Bemerkung zutreffend war, aber er konnte es nicht ändern. In den letzten paar Jahren verkehrte er so lange in einem bestimmten Kreis – er und Marian hatten schon längst getrennte Bekanntenkreise –, bis er sich betrank oder einen Auftritt verursachte, so dass ihm die ganze Umgebung unangenehm wurde und er sich ärgerte und unerwünscht vorkam. Dann wechselte er zu einer andern Gruppe über, und bei jedem Wechsel war es ein Kreis, der weniger solide als der voraufgegangene war und schäbigere Wohnungen und billigere Drinks hatte. Jetzt ging er mit Freuden überallhin, wo er nur eingeladen wurde – zu Fremden, wo eine Stimme ihm vielleicht etwas geben und die schwache Stütze Alkohol ihm die zerrissenen Nerven besänftigen konnte.

»Ken, warum lässt du dir nicht helfen? Ich kann nicht so weitermachen!«

»Aber was ist denn los?«

»Das weißt du doch«, sagte sie. Er konnte es spüren, wie nervös und steif sie im Taxi saß. »Willst du wirklich noch zu einer andern Party gehen? Siehst du denn nicht ein, dass du dich zugrunde richtest? Warum hast du dich gegen das Geländer auf der Terrasse gelehnt? Begreifst du nicht, dass du – krank bist? Komm mit heim!«

Die Worte beunruhigten ihn, aber er konnte den Gedanken nicht ertragen, heute Abend mit Marian heimzugehen. Er hatte ein Vorgefühl, dass etwas Schreckliches passieren könnte, wenn sie allein in der Wohnung wären, und sein Instinkt warnte ihn vor ungreifbarem Unheil.

Früher waren sie froh gewesen, wenn sie von einer Cocktailparty allein heimgehen konnten, um bei ein paar stillen Drinks über die Party zu sprechen, den Eisschrank zu plündern und sich schlafen zu legen, geborgen vor der Außenwelt. Dann war eines Abends nach einer Gesellschaft etwas geschehen: Er hatte eine Bewusstseinstrübung und sagte oder tat etwas, an das er sich nicht mehr erinnern konnte und auch nicht erinnern wollte; hinterher war nur die zertrümmerte Schreibmaschine da und einzelne Lichtbahnen beschämender Erinnerungen, denen er sich nicht stellen konnte, und der Gedanke an ihre furchtsamen Augen. Marian gab das Trinken auf und versuchte ihn zu überreden, den Antialkoholikern beizutreten. Er ging mit ihr zu einer Versammlung und blieb sogar fünf Tage bei der

Stange, bis das Grauen der nicht im Gedächtnis bewahrten Nacht etwas in die Ferne gerückt war.

Weil er von da an seinen Alkohol allein trinken musste, ärgerte er sich über ihre Milch und ihren ewigen Kaffee, und sie ärgerte sich über seine Drinks.

An dieser gespannten Lage, fand er, sei eigentlich der Psychiater schuld, und er fragte sich, ob er Marian wohl gar hypnotisiert habe. Jedenfalls waren ihre Abende von da an unerfreulich und steif. Jetzt spürte er es wieder, wie kerzengerade sie im Taxi saß, und er wollte sie, wie in den alten Zeiten, wenn sie von einer Party heimfuhren, umarmen und küssen. Aber ihr Körper widersetzte sich seiner Umarmung.

»Liebes, lass uns doch wieder wie früher sein! Lass uns heimgehen und friedlich schwatzen und die Party durchhecheln! Das hast du doch immer so gern getan! Wenn wir still für uns allein waren, hast du die paar Drinks so genossen. Trink mit mir und sei lieb, wie in den alten Zeiten! Wenn du's tust, geb ich die andere Party auf! Bitte, Liebes! Du bist kein bisschen trunksüchtig. Und ich komme mir wie ein Saufbold vor, wenn du nicht mittrinkst – so unnatürlich komm ich mir dann vor. Und du bist kein bisschen trunksüchtig – ebenso wenig wie ich.«

»Ich mach dir eine heiße Suppe, und du kannst zu Bett gehn!« Ihre Stimme klang hoffnungslos –

und, wie Ken fand, selbstgefällig. Dann sagte sie: »Ich hab mir solche Mühe gegeben, unsre Ehe zusammenzuhalten und dir zu helfen. Aber es ist genau so, als kämpfte man im Triebsand. So vieles hängt mit dem Trinken zusammen, und ich bin so müde.«

»Ich geh nur eine Minute zu der andern Party – komm doch mit!«

»Ich kann nicht.«

Das Taxi hielt, und Marian bezahlte das Fahrgeld. Als sie ausstiegen, fragte sie ihn: »Hast du genug Geld zum Weiterfahren? Falls du weiterfahren musst?«

»Natürlich!«

Jim Johnsons Wohnung lag weit drüben auf der Westseite, in einem Puerto-Rico-Viertel. Offene Mülleimer standen am Prellstein, und der Wind blies Papierfetzen über den verschneiten Bürgersteig. Als das Taxi hielt, war Ken so geistesabwesend, dass der Fahrer ihn rufen musste. Er blickte auf die Taxuhr und öffnete seine Geldtasche: Er hatte keinen einzigen Dollarschein, nur noch fünfzig Cent, und die reichten nicht. »Ich hab kein Geld mehr, bloß die fünfzig Cent«, sagte Ken und reichte dem Fahrer das Geld. »Was soll ich nur machen?«

Der Fahrer blickte ihn an. »Nichts. Aussteigen. Da kann man nichts machen.«

Ken stieg aus. »Fünfzehn Cent zu wenig und kein Trinkgeld – es tut mir leid …«

»Sie hätten das Geld von der Dame annehmen sollen!«

Die Party fand im obersten Stock eines Hauses ohne Fahrstuhl und ohne Warmwasser statt, und auf jedem Treppenabsatz lagerte ein anderer Küchengeruch. Das Zimmer oben war überfüllt und kalt, und auf dem Herd brannten blaue Gasflammen, um ein bisschen Wärme herzugeben. Da außer einer Studiocouch wenig Möbel vorhanden waren, saß die Mehrzahl der Gäste auf dem Fußboden. Reihen von ungerahmten Bildern lehnten gegen die Wand, und auf einer Staffelei stand ein Gemälde: eine violette Kehrichtablage mit zwei grünen Sonnen. Ken nahm auf dem Fußboden neben einem rotwangigen jungen Mann Platz, der eine saloppe braune Lederjacke trug.

»Irgendwie ist es immer beruhigend, in einem Maleratelier zu sitzen. Maler haben nicht die Probleme, die ein Schriftsteller hat. Wer hat je gehört, dass ein Maler nicht weitergekonnt hätte? Sie haben etwas, mit dem sie arbeiten können: Die Leinwand muss vorbereitet werden, die Pinsel und so weiter. Nirgends eine leere Seite – Maler sind nicht neurotisch wie so viele Schriftsteller.«

»Na, ich weiß nicht recht«, sagte der junge

Mann. »Hat sich van Gogh etwa nicht sein eigenes Ohr abgeschnitten?«

»Trotzdem: der Geruch nach Farben und die Farben selbst und die ganze Tätigkeit, so etwas ist beruhigend. 's ist nicht dasselbe wie eine leere Seite oder ein stummes Zimmer. Maler können bei der Arbeit pfeifen oder sogar mit andern Leuten reden.«

»Ich hab mal einen Maler gekannt, der seine Frau umgebracht hat.«

Als jemand ihm Rumpunsch und Sherry anbot, nahm Ken Sherry, doch er schmeckte metallisch, als wären Münzen darin aufgelöst. »Sind Sie Maler?«

»Nein«, sagte der junge Mann. »Schriftsteller. Das heißt, ich schreibe.«

»Wie heißen Sie?«

»Mein Name kann Ihnen nichts sagen. Ich habe mein Buch noch nicht veröffentlicht.« Nach einer Pause fügte er hinzu: »Ich hatte eine Kurzgeschichte in *Bolder Accent* – es ist eine von den kleineren Zeitschriften – vielleicht haben Sie davon gehört?«

»Seit wann schreiben Sie?«

»Seit zehn Jahren. Natürlich muss ich außerdem Nebenbeschäftigungen übernehmen – fürs Essen und die Miete.«

»Was für Posten nehmen Sie dann?«

»Alles Mögliche. Ein Jahr lang hatte ich mal einen Posten im Leichenschauhaus. Da gab's fabelhafte

Bezahlung, und ich hatte jeden Tag vier oder fünf Stunden Zeit für meine eigene Arbeit. Doch nach einem Jahr merkte ich allmählich, dass der Posten für meine Arbeiten nicht gut war. Mit all den Leichen – daher wechselte ich und begann, auf Coney Island Würstchen zu braten. Jetzt bin ich Nachtportier in einer richtigen Bruchbude von Hotel. Aber ich kann den ganzen Nachmittag zu Hause arbeiten, und nachts kann ich über mein Buch nachdenken – und überhaupt ereignet sich auf so einem Posten mancherlei von menschlichem Interesse. Stoff für zukünftige Geschichten.«

»Wieso glauben Sie, dass Sie Schriftsteller sind?«, fragte Ken.

Der Eifer im Gesicht des jungen Mannes erlosch, und als er die fünf Finger auf seine erhitzte Wange drückte, hinterließen sie weiße Male. »Einfach, weil ich's weiß. Ich habe so sehr gearbeitet, und ich glaube an meine Begabung.« Nach einer Pause fuhr er fort: »Wenn man nach zehn Jahren nichts als eine Erzählung in einer kleinen Zeitschrift vorzuweisen hat, dann ist das natürlich kein besonders glänzender Anfang. Aber bedenken Sie doch die Kämpfe, die fast jeder Schriftsteller hat, sogar die großen Genies. Ich habe Zeit und Energie, und wenn mein Roman endlich druckreif ist, dann wird die Welt das Talent erkennen.«

Der rückhaltlose Ernst des jungen Mannes widerte Ken an, denn er spürte darin etwas, das er selbst längst verloren hatte. »Talent«, sagte er bitter. »Ein kleines Talent mit einer einzigen Erzählung: Das ist das fragwürdigste Geschenk, das Gott einem geben kann. Immer weiter und weiter arbeiten und hoffen und glauben, bis die Jugend vergeudet ist: So etwas habe ich schon oft mit angesehen. Ein kleines Talent ist Gottes größter Fluch.«

»Aber woher wollen Sie wissen, dass ich ein kleines Talent habe – Sie können doch gar nicht wissen, ob's nicht groß ist? Sie wissen es nicht; Sie haben nie ein einziges Wort gelesen, das ich geschrieben habe!«, rief er unwillig.

»Ich habe nicht speziell an Sie gedacht. Ich habe nur theoretisch gesprochen.«

Das Zimmer roch sehr stark nach Gas, und der Rauch reichte in streifigen Schichten bis unter die Decke. Der Fußboden war kalt, und Ken griff nach einem Kissen in der Nähe und setzte sich darauf. »Was für Sachen schreiben Sie?«

»Mein jetziges Buch handelt von einem Mann namens Brown – ich wollte ihm einen weitverbreiteten Namen geben, symbolisch für die ganze Menschheit. Er liebt seine Frau, und er muss sie umbringen, weil …«

»Sagen Sie nichts mehr! Ein Schriftsteller sollte

nie im Voraus über sein Buch sprechen! Außerdem habe ich schon alles gehört.«

»Wie ist das möglich? Ich habe es Ihnen noch nie erzählt und noch nicht zu Ende erzählt…«

»Das Ende ist mir gleich«, sagte Ken. »Ich habe die ganze Sache vor sieben, acht Jahren hier in diesem Zimmer gehört.« Das erhitzte Gesicht wurde plötzlich bleich.

»Mr. Harris, wenn auch zwei von Ihren Büchern veröffentlicht wurden, so finde ich doch, dass Sie ein gemeiner Mensch sind.«

Seine Stimme schwoll an. »Nörgeln Sie nicht an mir herum!«

Der junge Mann stand auf, zerrte den Reißverschluß seiner Jacke hoch und stellte sich, ohne mit jemandem zu sprechen, verdrießlich in eine Ecke des Zimmers.

Nach einem Weilchen begann Ken sich zu fragen, weshalb er eigentlich hier sei. Er kannte keinen von der Gesellschaft, den Gastgeber ausgenommen, und das Bild von der Kehrichtablage und den zwei Sonnen irritierte ihn. In dem Zimmer voll fremder Menschen war keine Stimme, die ihm etwas gab, und der Sherry war seinem trockenen Mund zu scharf. Ohne sich von jemandem zu verabschieden, verließ Ken das Atelier und ging die Treppe hinunter und nach draußen.

Er erinnerte sich, dass er kein Geld hatte und daher zu Fuß gehen musste. Es schneite noch; der Wind pfiff schrill um die Straßenecken, und die Temperatur näherte sich dem Nullpunkt*. Er war noch viele Häuserblocks von seiner Wohnung entfernt, als er an einer ihm bekannten Straßenecke einen Drugstore sah und an heißen Kaffee denken musste. Wenn er doch jetzt richtig heißen Kaffee trinken und die Hände um die Tasse legen könnte, dann würde es in seinem Gehirn klarer werden und er hätte die Kraft, nach Hause zu eilen und seiner Frau gegenüberzutreten und dem Etwas, das sich ereignen musste, sobald er zu Hause war. Dann widerfuhr ihm etwas, das zuerst ganz alltäglich, ja, sogar natürlich schien. Ein Mann mit hartem Filzhut wollte auf der menschenleeren Straße an ihm vorbeigehen, und als sie auf gleicher Höhe waren, sagte Ken: »Hallo! 's muss ungefähr null Grad sein, wie?«

Der Mann zauderte einen Augenblick.

»Moment mal«, sagte Ken. »Ich bin nämlich in einer Klemme. Ich habe mein Geld verloren – egal, wie –, und ich dachte gerade, ob Sie mir wohl etwas Kleingeld für eine Tasse Kaffee geben könnten?«

Als Ken die Worte geäußert hatte, begriff er auf einmal, dass die Lage alles andere als alltäglich war:

* Minus 18 Grad Celsius

Er und der Fremde wechselten jenen gewissen Blick voller Beschämung und Misstrauen, wie er sich zwischen Bettler und Angebetteltem ergibt.

Der Fremde warf ihm rasch noch einen Blick zu, dann ging er hastig weiter.

»Warten Sie doch«, rief Ken. »Sie glauben, ich könnte ein Lump sein – das bin ich aber nicht. Ich bin Schriftsteller – ich bin kein Verbrecher.«

Der Fremde hastete auf die andere Straßenseite hinüber, und im Gehen schlug ihm die Aktentasche gegen die Knie. Ken kam erst nach Mitternacht nach Hause.

Marian lag im Bett und hatte ein Glas Milch auf dem Nachttisch stehen. Er mischte sich einen Highball und trug ihn ins Schlafzimmer, obwohl er seine Drinks sonst meistens heimlich und in Eile hinunterkippte.

»Wo ist die Uhr?«

»Im Wäschekorb.«

Er fand die Uhr und stellte sie neben die Milch auf den Nachttisch. Marian warf ihm einen seltsamen Blick zu.

»Wie war deine Party?«

»Scheußlich!« Nach einer Weile fügte er hinzu: »Diese Stadt ist ein trostloses Nest: die Partys, die Menschen, die argwöhnischen Fremden.«

»Du bist's doch, der Partys immer so gern hat!«

»Nein. Nicht mehr.« Er setzte sich auf das Doppelbett neben Marian, und plötzlich stiegen ihm die Tränen in die Augen. »Liebes, was ist aus der Apfelfarm geworden?«

»Aus der Apfelfarm?«

»Aus *unsrer* Apfelfarm – erinnerst du dich nicht mehr?«

»Es ist so viele Jahre her – und so manches ist passiert.«

Doch obwohl der Traum längst vergessen war, tauchte er jetzt in aller Frische wieder auf. Er sah die Apfelblüten im Frühlingsregen vor sich, sah das graue alte Farmhaus. Er melkte in der Morgendämmerung, dann arbeitete er im Gemüsegarten mit dem grünen krausen Salat, dem staubfarbenen Sommermais, den Eierpflanzen und den weinroten Kohlköpfen, die im Tau irisierend schillerten.

Zum ländlichen Frühstück gab es Eierkuchen und Wurst aus dem Fleisch selbstgezüchteter Schweine. Waren Morgenarbeit und Frühstück beendet, dann arbeitete er vier Stunden lang an seinem Roman; am Nachmittag war der Zaun auszubessern oder Holz zu hacken. Er sah die Farm bei jedem Wetter: eingeschneit – dann konnte er einen ganzen Kurzroman hintereinander schreiben; milde, liebliche, leuchtende Maientage; die grüne Sommerszeit, wo er eigene Forellen fischte; der blaue Oktober und die Äpfel. Der Traum war Leben – unbefleckt von der Wirklichkeit.

»Und an den Abenden«, sagte er und sah das Kaminfeuer und die emporzuckenden und zusammensinkenden Schatten auf den Wänden des Farmhauses, »an den Abenden wollten wir uns Shakespeare gründlich vornehmen und die Bibel von Anfang bis Ende lesen.«

Einen Augenblick ließ sich Marian in den Traum einspinnen. »Es war im ersten Jahr unserer Ehe«, sagte sie mit einer Stimme, die beleidigt oder verwundert klang. »Und nachdem wir die Apfelfarm in Schwung hatten, wollten wir ein Kind haben.«

»Ach ja, ich weiß«, sagte er, obwohl es ein Teil des Planes war, den er völlig vergessen hatte. Er sah einen unbestimmten kleinen Jungen von etwa sechs Jahren in blauen Drellhosen. Und dann verschwand das Kind, und er sah sich selbst, ganz deutlich, auf dem Pferd, oder eher auf einem Maultier, wie er das fertige Manuskript eines großartigen Romans im nächsten Dorf auf die Post brachte, um es dem Verleger zu schicken.

»Wir könnten fast umsonst leben – und gut leben. Ich würde alle Arbeit verrichten – körperliche Arbeit ist's, die sich heutzutage bezahlt macht – und würde alles selbst ziehen, was wir essen. Wir hätten eigene Schweine und eine Kuh und Hühner.« Nach einer Pause sagte er: »Und eine Alkoholrechnung gäbe es dann nicht. Ich könnte Apfelwein und Cider-Likör machen. Mit einer Obstpresse und so weiter.«

»Ich bin müde«, sagte Marian und fuhr sich mit der Hand über die Stirn.

»Da gibt's keine New Yorker Partys, und am Abend lesen wir die Bibel von Anfang bis Ende. Ich habe noch nie die Bibel von Anfang bis Ende gelesen. Du schon?«

»Nein«, sagte sie, »man braucht keine Apfelfarm zu haben, wenn man die Bibel lesen will.«

»Vielleicht muss ich aber eine Apfelfarm haben, um die Bibel lesen zu können – und auch, um gut zu schreiben.«

»Na, *tant pis!*« Die französische Redensart brachte ihn auf. Vor ihrer Heirat hatte sie ein Jahr lang an einer höheren Schule Französisch unterrichtet, und manchmal, wenn sie schlechte Laune hatte oder seinetwegen enttäuscht war, benutzte sie gerne eine französische Redensart, die er oft nicht verstand.

Er spürte zunehmende, verhaltene Spannung, die er um jeden Preis beseitigen wollte. Geduckt und elend saß er auf der Bettkante und starrte auf das Muster der Tapete. »Mit meinen Idealen ist nämlich etwas ganz Verrücktes geschehen. Als ich jung war, hab ich felsenfest geglaubt, dass ich ein großer Schriftsteller würde. Und dann verstrichen die Jahre, und ich nahm mir fest vor, ein guter Durchschnittsschriftsteller zu werden. Kannst du mir den fatalen Abstieg nachempfinden?«

»Nein, ich bin zu erschöpft«, antwortete sie nach einer Weile. »Ich habe im letzten Jahr auch an die Bibel gedacht. Eins von den allerersten Geboten lautet: *Du sollst keine andern Götter haben neben mir!* Aber du und andere Leute gleich dir haben sich einen Gott gemacht aus dieser – dieser Illusion. Ihr lehnt jede andere Verantwortung ab, Familie, Finanzen und sogar die Selbstachtung betreffend. Ihr lehnt alles ab, was euren seltsamen Gott stören könnte. Im Vergleich damit war das Goldene Kalb gar nichts!«

»Und nachdem ich mir vorgenommen hatte, ein guter Durchschnittsschriftsteller zu werden, musste ich meine Ideale noch weiter herunterschrauben: Ich schrieb Scripts fürs Fernsehen und versuchte, ein gerissener Schreiberling zu werden. Aber nicht mal das konnte ich durchführen. Kannst du dir mein Entsetzen vorstellen? Ich bin sogar gemein und neidisch geworden – das war ich früher nie! Solange ich glücklich war, war ich ein ganz guter Mensch … Das Letzte und Schlimmste wäre, alles aufzugeben und eine Stelle als Reklamedichter zu suchen. Kannst du dir vorstellen, wie es mir davor graut?«

»Ich habe schon oft gedacht, das wäre eine Lösung. Alles, Darling, was dir deine Selbstachtung wiedergeben kann.«

»Ja«, sagte er. »Aber lieber möcht ich noch eine Stelle in einem Leichenschauhaus annehmen oder Würstchen braten.«

Ihre Augen blickten voller Besorgnis. »Es ist spät. Geh zu Bett!«

»Auf der Apfelfarm würde ich tüchtig schaffen, körperliche Arbeiten verrichten und auch schreiben. Und es wäre friedlich und sicher. Warum können wir's nicht tun, Babylieb?«

Sie schnitt sich einen Niednagel ab und blickte Ken nicht einmal an.

»Vielleicht könnte ich von deiner Tante Rose Geld borgen – auf ganz legale Weise, wie von der Bank. Mit Hypotheken auf die Farm und die Ernten. Und ich würde ihr mein neues Buch widmen.«

»Borgen? Nicht von meiner Tante Rose.« Marian legte die Schere auf den Nachttisch. »Ich will jetzt schlafen.«

»Warum glaubst du nicht an mich – und an die Apfelfarm? Warum willst du sie nicht haben? Es würde so friedlich sein – und so sicher. Wir wären allein – weit fort. Warum willst du es nicht?«

Ihre schwarzen Augen standen weit offen, und er las einen Ausdruck in ihnen, den er erst ein einziges Mal gesehen hatte. Sehr entschieden sagte sie: »Weil ich um alles in der Welt nicht mit dir allein auf der verrückten Apfelfarm sein will – allein und ohne Ärzte und Freunde und Hilfe!« Aus der Besorgnis war jähes Entsetzen geworden, und ihre Augen loderten vor Angst. Ihre Hände zupften nervös am Betttuch.

Kens Stimme klang erschüttert. »Aber Baby, du wirst doch keine Angst vor mir haben? Ich würde dir nicht die kleinste Augenwimper krümmen! Ich würde nicht dulden, dass der Wind dich anbläst! Ich könnte keiner …«

Marian zog ihr Kissen zurecht, legte sich hin und drehte ihm den Rücken zu. »Meinetwegen. Gute Nacht!«

Eine Weile saß er verwirrt da, dann kniete er auf dem Fußboden vor Marians Bett, und seine Hand lag sanft auf ihrer Hüfte. Das dumpfe Drängen der Begierde wurde durch die Berührung noch angefacht. »Komm! Ich zieh mich aus! Wollen uns liebhaben!« Er wartete, aber sie rührte sich nicht und gab keine Antwort.

»Komm, Babylieb!«

»Nein«, sagte sie. Doch sein Verlangen wuchs,

und er vernahm ihre Worte nicht. Seine Hand zitterte, und die Fingernägel hoben sich schmuddelig von der weißen Bettdecke ab. »Nicht mehr!«, sagte sie. »Niemals wieder!«

»Bitte, Liebes! Dann haben wir's hinterher schön friedlich und können gut schlafen. Darling, Darling, du bist mein Ein und Alles. Du bist meine Sonne!«

Marian schob seine Hand weg und setzte sich unvermittelt rasch hoch. Ihre Angst war aufblitzendem Zorn gewichen, und an ihrer Schläfe zeichnete sich eine blaue Ader ab. »Deine Sonne?« Ihre Stimme sollte ironisch klingen, doch gelang es ihr nicht ganz. »Jedenfalls bin ich dein Portemonnaie!«

Das Beleidigende ihrer Worte kam ihm nur langsam zu Bewusstsein; dann schoss der Zorn so heftig wie eine Flamme in ihm hoch. »Ich … bin …«

»Du denkst, du wärst der Einzige, der enttäuscht wurde. Ich habe einen Schriftsteller geheiratet, von dem ich glaubte, er würde eine Berühmtheit werden. Ich habe dich mit Freuden unterstützt. Ich habe geglaubt, es würde sich bezahlt machen. Darum habe ich in einem Büro gearbeitet, während du zu Hause sitzen und deine ›Ideale‹ hinunterschrauben konntest. Mein Gott, was ist aus uns geworden!«

»Ich … ich …« Aber vor Wut konnte er noch immer kein Wort herausbringen.

»Vielleicht hätte man dir helfen können. Wenn du zu einem Arzt gegangen wärst, als die Störung bei dir einsetzte. Wir wissen's beide seit langem, dass du krank bist!«

Wieder sah er den Ausdruck, den er schon früher einmal gesehen hatte. Der Blick war das Einzige, was ihm damals von der grässlichen Bewusstseinstrübung noch im Gedächtnis geblieben war – die schwarzen, vor Angst lodernden Augen und die pochende Schläfenader. Er fing den Ausdruck auf – und nahm ihn selbst an, so dass sich ihre Blicke, vor Entsetzen funkelnd, begegneten.

Ken konnte es nicht länger aushalten; er riss die Schere vom Nachttisch, hob sie hoch und heftete den Blick auf die Schläfenader. »Krank«, sagte er endlich. »Du meinst: verrückt! Ich werde dich lehren, Angst zu haben, dass ich verrückt sein könnte! Ich werde dich lehren, von Portemonnaie zu reden! Ich werde dich lehren, mir zu sagen, ich sei verrückt!«

Marians Augenlider zitterten vor Aufregung, und sie machte einen matten Versuch, sich zu bewegen. Die Ader an ihrer Schläfe zuckte wild. »Dass du dich nicht rührst!« Dann, mit unendlicher Anstrengung, öffnete er die Hand, und die Schere fiel auf den Teppich. »Entschuldige«, sagte er. »Verzeih mir!«

Nach einem wirren Blick durchs ganze Zimmer gewahrte er die Schreibmaschine und ging darauf zu.

»Ich bringe die Schreibmaschine ins Wohnzimmer. Ich habe heute mein Pensum noch nicht geschafft. Bei solchen Dingen muss man sich Zwang auferlegen.«

Er setzte sich im Wohnzimmer an die Schreibmaschine und tippte, um ein Geräusch hervorzurufen, abwechselnd x und r. Nach einigen Zeilen hörte er damit auf und sagte mit leerer Stimme:

»So, die Geschichte sitzt endlich auf den Hinterbeinen!« Dann begann er zu schreiben: *Der faule braune Fuchs sprang über den listigen Hund.* Er schrieb es ein paarmal hintereinander, dann lehnte er sich zurück.

»Liebstes Herz«, sagte er sehr innig, »du weißt, wie sehr ich dich liebe. Du bist die einzige Frau, an die ich jemals gedacht habe. Du bist mein Leben. Verstehst du mich, mein liebstes Herz?«

Sie antwortete nicht, und die ganze Wohnung war still, bis auf das Gluckern in den Radiatoren.

»Verzeih mir«, sagte er. »Es tut mir so leid, dass ich die Schere aufhob! Du weißt, dass ich dich nicht mal kneifen könnte. Sag mir, dass du mir verzeihst! Bitte, bitte, sag's mir!«

Es kam noch immer keine Antwort.

»Ich will dir ein guter Mann sein. Ich will mir sogar eine Stelle bei einer Reklamefirma besorgen. Ich will ein Sonntagsdichter werden und nur übers Wochenende und an den Feiertagen schreiben. Ich will's, mein Darling, ich will's!«, rief er verzweifelt. »Obwohl ich viel lieber Würstchen im Leichenschauhaus verkaufen möchte.« War es der Schnee, der die Zimmer so still machte? Er schrieb:

Warum hab ich solche Angst?
Warum hab ich solche Angst?
Warum hab ich solche Angst?
Warum hab ich solche Angst?

Er stand auf, ging in die Küche und öffnete den Eisschrank. »Liebes, ich bringe dir was Feines zu essen! Was ist das für dunkles Zeug da auf der Untertasse in der Ecke hinten? Oh – Leber vom letzten Sonntagabend. Du isst so schrecklich gern Hühnerleber – oder möchtest du lieber etwas Kochendheißes haben? Vielleicht Suppe? Wie, Liebes?«

Kein Laut drang zu ihm.

»Du hast bestimmt keinen Bissen zu Abend gegessen. Du musst erledigt sein – all die scheußlichen Gesellschaften mit der Trinkerei und dem Herumstehen – ohne einen Happen zu essen! Wir wollen essen, und hinterher können wir uns liebhaben.«

Er stand still und lauschte. Dann ging er, in der Hand die fettig glänzende Leber, auf Zehenspitzen ins Schlafzimmer. Das Zimmer war leer. Das Badezimmer ebenfalls. Er stellte die Hühnerleber vorsichtig auf den weißen Kommodenläufer. Dann stand er auf der Schwelle, mit erhobenem Fuß, wie um zu gehen und ihn doch einige Augenblicke in der Luft haltend.

Danach öffnete er die Schränke, sogar die Besenkammer in der Küche, und schaute hinter Möbel und blinzelte spähend unters Bett. Marian war nirgends. Endlich bemerkte er, dass ihr Leopardenmantel und ihre Handtasche fehlten. Er keuchte, als er sich vors Telefon setzte.

»Heh, Doktor? Hier ist Ken Harris. Meine Frau ist verschwunden. Sie ist einfach aus der Wohnung gegangen, während ich an der Schreibmaschine saß. Ist sie bei Ihnen? Hat sie mit Ihnen telefoniert?« Er zeichnete Vierecke und Wellenlinien auf den Telefonblock. »Teufel noch eins, ja! Wir haben uns gestritten. Ich hab die Schere genommen – nein, ich habe Marian nicht angerührt! Ich würde ihr nicht mal am kleinen Fingernagel weh tun. Nein, sie ist nicht verletzt – wie kommen Sie auf solche Gedanken?« Ken lauschte. »Ich will Ihnen mal was sagen: Ich weiß, dass Sie meine Frau hypnotisiert haben, dass Sie ihre Einstellung zu mir vergiftet haben.

Wenn irgendwas zwischen meiner Frau und mir vorfällt, dann bringe ich Sie um! Dann komm ich in Ihr hochnäsiges Park-Avenue-Sprechzimmer und schlage Sie tot!«

Als er so allein in den leeren, stummen Zimmern war, empfand er eine unbestimmte Furcht, die ihn an die Gespensterfurcht seiner Kindheit erinnerte. Er saß auf dem Bett, hatte noch die Schuhe an und umschlang mit beiden Armen die Knie. Eine Zeile aus einem Gedicht fiel ihm ein. »Mein Lieb, mein Lieb, warum ließest du mich so allein?« Er schluchzte und biss durch den Hosenstoff in sein Knie.

Nach einer Weile rief er alle Wohnungen an, in denen sie hätte sein können, und beschuldigte ihre Freunde, sie hätten sich in seine Ehe eingemischt oder sie hielten Marian versteckt. Als er bei Mabel Goodley anrief, hatte er den kleinen Vorfall während der Party vergessen und sagte ihr, er wolle vorbeikommen, er müsse sie sprechen. Als sie erwiderte, es sei drei Uhr und sie müsse am Morgen zeitig aufstehen, fragte er sie, wozu Freunde denn da seien, wenn nicht für solche Fälle. Er beschuldigte sie, Marian versteckt und sich in seine Ehe eingemischt zu haben, ja, mit dem gemeinen Psychiater unter einer Decke zu stecken.

Gegen Morgen hörte es auf zu schneien. Die erste Morgendämmerung war perlgrau, und der Tag versprach schön und sehr kalt zu werden. Bei Sonnenaufgang zog Ken seinen Mantel an und ging nach unten. Die Sonne besprenkelte den frischen Schnee mit Gold, und die Schatten waren von einem kühlen Lavendelblau. Mit allen Sinnen nahm er den eisigen Morgenglanz in sich auf und dachte dabei, dass er über solch einen Tag hätte schreiben sollen – denn das war's, worüber er eigentlich hatte schreiben *wollen*.

Mit blanken, irren Augen, eine geduckte, hagere Gestalt, so stapfte Ken langsam zur Untergrundbahn. Er dachte an die Räder des Zuges und an den stählernen Lufthauch und das Dröhnen. Er dachte, ob es wohl wahr sei, dass das Gehirn in der letzten Sterbeminute alle Bilder der Vergangenheit aufleuchten lässt: die Apfelbäume, die Geliebten, die Melodie verlorener Stimmen – alle lebendig verschmolzen im sterbenden Gehirn. Er ging sehr langsam, die Blicke auf seine einsamen Fußstapfen geheftet, in den unberührten Schnee hinein.

Ein Polizist zu Pferde ritt ganz in seiner Nähe dicht am Prellstein entlang. Der Atem des Pferdes stand deutlich in der stillen, kalten Luft, und seine Augen waren violett und gläsern.

»He, Wachtmeister, ich muss etwas melden! Meine Frau ist mit der Schere auf mich losgegangen, sie hat auf die blaue Ader gezielt! Dann ist sie aus der Wohnung gelaufen. Meine Frau ist sehr krank – verrückt! Man sollte ihr helfen, bevor irgendwas Schreckliches passiert. Sie hat keinen Happen Abendbrot gegessen, nicht mal die kleine Hühnerleber!«

Ken stapfte mühselig weiter, und der Polizist blickte ihm nach, wie er sich entfernte. Kens Weg war so wenig vorauszusehen wie der des unsicht-baren Windes; er dachte nur an seine Fußstapfen und an die Strecke, die vor ihm lag, unbegangen.

Sucker

Es war immer so, als hätte ich ein eigenes Zimmer. Sucker schlief bei mir in meinem Bett, aber das störte in keiner Weise. Das Zimmer gehörte mir, und ich benutzte es so, wie ich wollte. Ich erinnere mich, dass ich einmal eine Falltür in den Fußboden gesägt habe. Und voriges Jahr, als ich das zweite Jahr in der Highschool war, habe ich Bilder von Mädchen aus Zeitschriften an meine Wand gepinnt; die eine hatte bloß ihr Unterzeug an. Meine Mutter hat mich nie gestört, denn sie musste sich um die jüngeren Kinder kümmern. Und Sucker fand immer alles pfundig, was ich getan habe.

Sobald ich mal ein paar von meinen Freunden in mein Zimmer raufbrachte, brauchte ich nichts weiter zu tun, als Sucker einen Blick zuzuwerfen, und dann ließ er alles stehen und liegen, was er gerade tat, und griente vielleicht ein bisschen und ging, ohne ein Wort zu sagen. Er brachte nie Kinder mit rauf. Er ist zwölf, vier Jahre jünger als ich, und auch ohne dass ich's ihm gesagt habe, hat er immer gewusst, dass ich's nicht leiden konnte, wenn Kinder in dem Alter in meinen Sachen herumschnüffeln.

Meistens vergaß ich überhaupt, dass Sucker nicht mein Bruder ist. Er ist mein Vetter ersten Grades, aber fast so lange, wie ich mich erinnern kann, ist er immer in unsrer Familie gewesen. Seine Eltern kamen nämlich bei einem Unglück ums Leben, als er noch ein Baby war. Für mich und meine kleine Schwester war er wie unser Bruder.

Sucker hat sich immer alles gemerkt und jedes Wort geglaubt, das ich gesagt habe. Daher stammt sein Spitzname (was ja ›gutgläubiger Trottel‹ bedeutet). Vor ein paar Jahren habe ich ihm weisgemacht, wenn er mit einem Schirm von unsrer Garage herunterspringt, würde es wie ein Fallschirm wirken, und er könne nicht schlimm hinfallen. Er hat's getan und sich das Knie aufgeschlagen. Das ist bloß ein Beispiel. Und das Komische an der Sache war, dass er mir immer noch glaubte, egal, wie oft er angeführt wurde. Dabei war er sonst gar nicht dumm – es war bloß so seine Art mir gegenüber. Er schaute sich alles ruhig mit an, was ich tat, und merkte es sich.

Eins habe ich dabei gelernt, aber es macht mir Gewissensbisse und ist auch schwer zu verstehen. Wenn jemand einen sehr bewundert, dann achtet man ihn nicht und verachtet ihn, aber derjenige, der einen nicht beachtet, den bewundert man gern. Es ist nicht so leicht zu verstehen. Maybelle Watts, unsre Klassenälteste, tat so, als wäre sie die Königin von Saba; sogar mich hat sie gedemütigt. Dabei hätte ich damals alles in der Welt getan, um sie auf mich aufmerksam zu machen. Tag und Nacht konnte ich an nichts andres denken als an Maybelle, bis ich fast verrückt war. Als Sucker noch klein war und bis zu der Zeit, als er zwölf wurde, habe ich ihn wahrscheinlich ebenso schlecht behandelt wie Maybelle mich.

Seit Sucker sich jetzt so sehr verändert hat, ist es ein bisschen schwer, sich zu erinnern, wie er früher war. Ich hätte nie gedacht, dass etwas geschehen könnte, was uns beide plötzlich ganz verschieden werden ließ. Ich dachte gar nicht, dass ich, um mir das Geschehene klarzumachen, mich an ihn würde erinnern wollen, wie er früher gewesen war – um es miteinander zu vergleichen und die Sache vielleicht in Ordnung zu bringen. Wenn ich hätte in die Zukunft blicken können, hätte ich vielleicht anders gehandelt.

Ich habe ihn nie sehr beachtet oder über ihn nachgedacht, und wenn man bedenkt, wie lange wir das gleiche Zimmer zusammen geteilt haben, ist es komisch, dass ich mich bloß an so wenig erinnere. Er hat sehr viel Selbstgespräche geführt, wenn er glaubte, allein zu sein – alles über Gangster, mit denen er kämpfte, und über Ranches, auf denen er war, und ähnlichen Jungenskram. Wenn er im Badezimmer war, blieb er bis zu einer Stunde drin, und manchmal wurde seine Stimme schrill und aufgeregt, und man konnte ihn im ganzen Haus hören. Im Allgemeinen war er jedoch sehr ruhig. Es waren nicht viele Jungen in der Nachbarschaft, mit denen er sich anfreunden mochte, und sein Ausdruck glich immer dem eines Jungen, der bei einem Spiel zuschaut und darauf wartet, dass er aufgefordert wird mitzumachen. Er hatte nichts dagegen, die Jacken und Sweater zu tragen, aus denen ich herausgewachsen war, auch wenn die Ärmel lang herunterbaumelten, so dass seine Handgelenke mager und weiß wie die von Mädchen zu sein schienen. So habe ich ihn in Erinnerung – wie er jedes Jahr ein bisschen größer wurde und doch immer derselbe blieb. Das war Sucker – bis vor wenigen Monaten, als der ganze Ärger anfing. Maybelle war auch ein bisschen in das verwickelt, was geschah, deshalb sollte ich wohl mit ihr anfangen. Bis ich sie kannte, hatte ich nie viel Zeit für Mädchen übrig gehabt. Im letzten Herbst saß sie in den Naturwissenschaften neben mir, und da war's, dass sie mir zum ersten Mal auffiel. Ihr Haar ist so strahlend blond, wie ich es noch nie gesehen habe, und manchmal trägt sie es in Locken aufgedreht, mit so einem klebrigen Zeug drauf. Ihre Fingernägel sind gepflegt und spitz und leuchtend rot gemalt. Während der Unterrichtsstunden habe ich immer Maybelle angestarrt, fast die ganze Zeit, außer, wenn ich dachte, sie würde zu mir rüberschauen, oder wenn der Lehrer mich aufrief. Vor allem konnte ich den Blick nie von ihren Händen losreißen. Sie sind sehr klein und weiß, bis auf das rote Zeugs, und wenn sie in ihrem Buch die Seiten umblätterte, leckte sie immer den Daumen an und spreizte den kleinen Finger weg und blätterte ganz langsam um. Es ist unmöglich, Maybelle zu beschreiben. Alle Jungen sind verrückt auf sie, aber mich hat sie nicht mal bemerkt. Erstens ist sie zwei Jahre älter als ich. In der Pause habe ich immer versucht, auf dem Flur dicht an ihr vorbeizugehen, aber sie hat mich kaum jemals angelächelt. Ich konnte nichts weiter tun, als in der Stunde neben ihr sitzen und sie anstarren – und manchmal war mir's, als müsste die ganze Klasse hören, wie mein Herz klopft, und ich hätte am liebsten geschrien oder wäre ausgerissen und wie verrückt weggerannt.

Nachts im Bett musste ich immerzu an Maybelle denken. Das hat mich oft nicht einschlafen lassen, bis ein oder zwei Uhr nachts nicht. Manchmal ist Sucker aufgewacht und hat mich gefragt, warum ich nicht zur Ruhe komme, und dann habe ich ihm gesagt, er soll den Mund halten. Wahrscheinlich war ich sehr, sehr oft gemein zu ihm. Vielleicht wollte ich jemand anders so übersehen, wie Maybelle mich übersah. Man konnte es Sucker immer am Gesicht ansehen, wenn er in seinen Gefühlen gekränkt war. Ich kann mich nicht an all die hässlichen Bemerkungen erinnern, die ich ihm an den Kopf geworfen habe, denn auch noch während ich das tat, war ich mit meinen Gedanken bei Maybelle.

So ging es ungefähr drei Monate, und dann begann sie sich irgendwie zu ändern. Auf dem Flur sprach sie mit mir, und jeden Morgen vor der Stunde schrieb sie meine Hausaufgaben ab. In der Mittagspause hab ich mal im Turnsaal mit ihr getanzt. Eines Nachmittags habe ich all meinen Mut zusammengenommen und bin mit einer Schachtel Zigaretten zu ihrem Haus gegangen. Ich habe gewusst, dass sie in der Mädchen-Garderobe rauchte, und manchmal auch außerhalb von der Schule. Pralinen wollte ich ihr nicht mitbringen, weil ich dachte, das wäre für die Katz. Sie war sehr nett, und mir schien, dass sich alles ändern würde.

Und an jenem Abend ging der Ärger richtig los. Ich war spät in mein Zimmer gekommen, und Sucker schlief schon. Ich war zu glücklich und aufgezogen, um die richtige Schlafstellung zu finden, und ich lag lange wach und dachte an Maybelle.

Dann träumte ich von ihr, dass ich sie geküsst hätte. Was für eine Überraschung, als ich aufwachte und alles dunkel war! Ich lag still, und es dauerte ein Weilchen, bis ich zu mir kam und begreifen konnte, wo ich war. Im Haus war alles still, und es war eine sehr dunkle Nacht.

Suckers Stimme traf mich wie ein Schlag. »Pete?…« Ich sagte nichts und rührte mich auch nicht.

»Du hast mich doch genauso gern, als wär ich dein Bruder, nicht wahr, Pete?«

Ich konnte aus der Verblüffung nicht herausfinden, mir war, als wäre das jetzt der richtige Traum, und nicht der davor.

»Du hast mich doch die ganze Zeit liebgehabt, als wär ich dein Bruder, nicht wahr?«

»Klar«, sagte ich.

Dann stand ich ein paar Minuten auf. Mir war kalt, und ich war froh, dass ich wieder ins Bett gehen konnte. Sucker drängte sich an meinen Rücken. Er war so klein und so warm, und auf meiner Schulter konnte ich seinen warmen Atem spüren.

»Ich hab immer gewusst, dass du mich gern hast, egal, was du gesagt hast.«

Ich war hellwach, und meine Gedanken schienen seltsam gemischt. Einerseits war ich voller Glück wegen Maybelle, aber andrerseits ließ mich etwas an Sucker und am Tonfall seiner Stimme aufhorchen, als er das alles sagte. Jedenfalls vermute ich, dass man die Menschen besser versteht, wenn man glücklich ist, als wenn man Kummer hat. Es war gerade so, als hätte ich bis dahin nie richtig über Sucker nachgedacht.

Ich fand, dass ich immer gemein zu ihm gewesen war. Ein paar Wochen vorher hatte ich ihn eines Abends im Dunkeln weinen gehört. Er sagte, er hätte das Luftgewehr eines Jungen verloren und hätte Angst, dass es rauskäme. Er wollte, dass ich ihm sagen sollte, was er tun müsse. Ich war müde und versuchte ihn zum Schweigen zu bringen, und als er keine Ruhe gab, trat ich nach ihm. Das war bloß einer von den Punkten, die mir einfielen. Mir schien auf einmal, dass er immer ein einsamer kleiner Bursche gewesen war. Es bedrückte mich.

In einer dunklen, kalten Nacht fühlt man sich jemandem, mit dem man im gleichen Bett schläft, näher verbunden. Wenn man miteinander spricht, ist es so, als wache sonst kein Mensch in der ganzen Stadt.

»Du bist ein Mordskerl, Sucker«, sagte ich.

Mir schien es auf einmal, dass ich ihn besser leiden mochte als sonst jemanden in der Welt, besser als jeden andern Jungen, besser als meine Schwestern und irgendwie sogar besser als Maybelle. Mir war wunderbar gut zumute, wie wenn sie im Kino traurige Musik spielen. Ich wollte Sucker beweisen, wie sehr ich ihn wirklich schätzte, und wollte ihn schadlos halten für die Art, wie ich ihn immer behandelt hatte.

In jener Nacht haben wir noch lange miteinander gesprochen. Er sprach sehr schnell: Als hätte er schon seit langer Zeit alles aufgespart, was er mir sagen wollte. Er erzählte mir, dass er vorhatte, ein Kanu zu bauen, und dass die Jungen im nächsten Häuserblock ihn nicht in ihre Fußballmannschaft aufnehmen wollten und wer weiß was sonst noch. Ich erzählte auch manches, und es war ein angenehmes Gefühl, dass er alles, was ich sagte, so ernst aufnahm. Ich erzählte sogar ein bisschen von Maybelle, nur tat ich so, als ob sie es wäre, die mir die ganze Zeit nachgelaufen war. Er fragte mich allerhand wegen der Highschool und so weiter. Seine Stimme klang aufgeregt, und er sprach dauernd sehr schnell, als könnte er die Worte nicht rechtzeitig herausbringen. Als ich einschlief, redete er immer noch, und ich konnte es noch immer spüren, wie er warm an meiner Schulter atmete.

Während der nächsten paar Wochen sah ich Maybelle sehr oft. Sie tat so, als ob sie sich wirklich ein bisschen aus mir mache. Die meiste Zeit war mir so wohl zumute, dass ich kaum wusste, wohin mit mir.

Aber deshalb dachte ich doch an Sucker. In meiner Schublade waren eine Menge alte Sachen, die ich gesammelt hatte: Box-Handschuhe und Tom-SwiftHefte und mittelmäßiges Angelgerät. All das habe ich ihm geschenkt. Wir sprachen noch öfter zusammen, und es war so, als hätte ich ihn jetzt erst richtig kennengelernt. Als er eine lange Schramme auf der Wange hatte, wusste ich gleich, dass er mit meinem ersten Rasierapparat, einem neuen, herumgefummelt hatte, aber ich habe nichts gesagt. Sein Gesicht schien jetzt anders zu sein. Früher sah er immer so schüchtern aus, als hätte er Angst, er bekäme eine Kopfnuss. Den Ausdruck hatte er jetzt nicht mehr. Sein Gesicht mit den weit aufgerissenen Augen und den abstehenden Ohren und dem immer etwas offenen Mund zeigte den Ausdruck eines Menschen, der sich auf etwas Besonderes freut.

Einmal hätte ich ihn schon beinah Maybelle gezeigt und ihr erzählt, er sei mein jüngerer Bruder. Es war an jenem Nachmittag, als im Kino ein Krimi lief. Ich hatte einen Dollar verdient, weil ich für Dad gearbeitet hatte, und gab Sucker einen Vierteldollar, damit er sich Bonbons und so was kaufen könne. Mit dem Rest führte ich Maybelle aus. Wir saßen hinten und sahen, wie Sucker reinkam. Sowie er am Platzanweiser vorbei war, fing er schon an, auf die Leinwand zu starren, und stolperte den Gang hinunter, ohne zu merken, wohin er trat. Ich wollte Maybelle schon anstoßen, aber ich brachte es dann doch nicht über mich. Sucker sah ein bisschen doof aus, als er wie ein Betrunkener weiterging und den Blick auf die Leinwand geheftet hatte. Er ging weiter, bis er unten bei den vordersten paar Reihen war, wo meistens die kleinen Jungen sitzen. Ich habe Maybelle dann nicht angestoßen. Aber ich fand, dass es ein angenehmer Gedanke war, alle beide mit meinem selbstverdienten Geld im Kino zu wissen.

So mag es vier oder sechs Wochen weitergegangen sein. Mir war so wohl zumute, dass ich mich nicht zum Arbeiten hinsetzen und meine Gedanken nicht auf etwas anderes richten konnte. Ich wollte zu allen Menschen freundlich sein. Manchmal war es so, dass ich einfach zu irgendjemandem sprechen musste. Und das war meistens Sucker. Ihm war genauso wohl zumute wie mir. Einmal hat er gesagt: »Pete, ich bin so froh, dass du wie mein Bruder zu mir bist, und nichts in der ganzen Welt kann mich froher machen!«

Dann passierte was zwischen Maybelle und mir. Ich habe nie herausbekommen, was es eigentlich war: Solche Mädchen wie sie sind schwer zu verstehen. Sie fing an, sich anders zu mir zu benehmen. Zuerst wollte ich es gar nicht glauben und versuchte mir einzureden, es sei bloße Einbildung. Sie tat gar nicht mehr erfreut, wenn sie mich sah. Oft fuhr sie mit dem Typ von der Fußballmannschaft los, mit dem, der den gelben Roadster hat. Der Wagen hatte die gleiche Farbe wie ihr Haar, und nach der Schule fuhr sie mit ihm los und lachte und schaute in sein Gesicht. Mir fiel nichts ein, wie ich's hätte ändern können, und sie lag mir Tag und Nacht im Sinn. Wenn ich mal eine Chance hatte, mit ihr auszugehen, dann war sie schnippisch und schien mich nicht zu bemerken. Darum dachte ich, irgendwas müsse los sein, und ich ärgerte mich über meine Schuhe, die so laut auf den Fußboden knallten, oder über meinen Hosenstall oder die Pickel auf meinem Kinn. Manchmal, wenn Maybelle in der Nähe war, fuhr der Teufel in mich, und ich machte ein überlegenes Gesicht und nannte erwachsene Männer bei ihrem Familiennamen, ohne Mister, und redete grob, großspurig derb daher. In der Nacht grübelte ich dann, warum ich all so was tun müsse, bis ich zu übermüdet war und nicht mehr schlafen konnte.

Anfangs war ich so bekümmert, dass ich gar nicht mehr an Sucker dachte. Später fiel er mir dann auf die Nerven. Immer lungerte er herum, bis ich aus der Schule kam, und immer sah er so aus, als müsse er mir was sagen oder als erwarte er, dass ich ihm was sage. In seiner Bastelstunde machte er mir einen Zeitungsständer, und einmal sparte er sich das

Lunchgeld von einer ganzen Woche zusammen und kaufte mir drei Päckchen Zigaretten. Er schien es einfach nicht zu kapieren, dass ich Sorgen hatte und mich nicht mit ihm abgeben konnte. Jeden Nachmittag war's das Gleiche: Immer saß er mit dieser erwartungsvollen Miene in meinem Zimmer! Wenn ich dann gar nichts sagte oder ihm vielleicht ein bisschen grob antwortete, ging er schließlich raus.

Ich kann keine richtige Ordnung in jene Tage bringen und behaupten, das passierte den einen Tag und jenes an einem andern Tag. Denn ich war so durcheinander, dass die Wochen sich ineinanderschoben und mir ganz höllisch zumute war, und alles egal. Es wurde nichts Entscheidendes gesagt oder getan. Maybelle fuhr immer noch mit dem Burschen in seinem gelben Roadster herum, und manchmal lächelte sie mir zu, und manchmal nicht. Jeden Nachmittag klapperte ich alle Orte ab, wo sie hätte sein können. Entweder war sie beinah nett, und ich fing schon an zu glauben, dass schließlich alles gut werden und sie sich was aus mir machen würde – oder sie benahm sich so, dass ich sie am liebsten – wenn sie nicht ein Mädchen gewesen wäre – bei ihrer feinen weißen Kehle gepackt und sie ihr zugedrückt hätte. Je mehr ich mich schämte, weil ich mich ihretwegen so lächerlich machte, desto mehr lief ich ihr nach.

Und Sucker fiel mir immer mehr auf die Nerven. Er sah mich an, als ob er mir an irgendwas die Schuld gäbe, aber gleichzeitig wüsste, dass es nicht von langer Dauer sei. Er schoss jetzt rasch in die Höhe, und aus irgendeinem Grund fing er beim Sprechen an zu stottern. Manchmal hatte er schlechte Träume, oder er übergab sich nach dem Frühstück. Mom kaufte ihm eine Flasche Lebertran.

Dann ging es zwischen Maybelle und mir zu Ende. Ich traf sie, als sie in den Drugstore wollte, und bat sie um ein Date. Als sie es abschlug, fiel mir auf, dass ihre Stimme höhnisch klang. Sie sagte, es hinge ihr zum Halse raus, dass ich ihr immer nachlief, und sie hätte sich überhaupt nie die Bohne aus mir gemacht. All das hat sie mir ins Gesicht gesagt. Ich stand bloß da und gab keine Antwort. Dann bin ich ganz langsam nach Hause gegangen.

Mehrere Tage bin ich nachmittags allein in meinem Zimmer geblieben. Ich wollte nirgendwo hin und mit keinem Menschen sprechen. Wenn Sucker ins Zimmer kam und mich ein bisschen von der Seite ansah, schrie ich ihn an, er solle abhauen. Ich wollte nicht an Maybelle denken, saß an meinem Schreibtisch und las *Volkstümliche Mechanik,* oder ich schnitzelte an dem Zahnbürstenständer, den ich machen wollte. Wie mir schien, hatte ich mir das Mädchen schon ganz gut aus dem Kopf geschlagen.

Aber man ist machtlos gegen das, was einem in der Nacht zustößt. Dadurch wurde alles so, wie es jetzt ist.

Nämlich ein paar Nächte nach dem Abend, als Maybelle so mit mir gesprochen hatte, träumte ich wieder von ihr. Es war wie beim ersten Mal, und ich drückte Suckers Arm so fest, dass ich ihn weckte. Er griff nach meiner Hand.

»Pete, was fehlt dir?«

Ganz plötzlich war ich so wütend, dass mir die Kehle wie zugeschnürt war – wegen mir und dem Traum, und wegen Maybelle und Sucker und jedem einzelnen Menschen, den ich kannte. Mir fielen all die Begegnungen ein, wo Maybelle mich gedemütigt hatte, und überhaupt alles Schlimme, was mir je zugestoßen war. Mir schien, als ob mich nie jemand gern haben würde, höchstens so eine Nulpe wie Sucker.

»Warum sind wir nicht mehr Kameraden wie früher? Warum …«

»Halt deine verdammte Klappe!« Ich stieß die Bettdecke zurück, stand auf und drehte das Licht an. Da saß er mitten im Bett, zwinkerte mit den Augen und hatte Angst.

In mir war etwas, gegen das konnte ich mich nicht wehren. Ich glaube, so rasend kann der Mensch nur einmal im Leben werden. Die Worte sprudeldten aus mir heraus, ohne dass ich wusste, wie sie klingen würden. Erst hinterher konnte ich alles in vollem Licht sehen und mich an alles erinnern, was ich gesagt hatte.

»Warum wir keine Kameraden mehr sind? Weil du der dümmste Kerl bist, den ich jemals gesehen habe! Kein Mensch macht sich was aus dir! Und bloß, weil du mir manchmal leidgetan hast und ich versucht habe, dich anständig zu behandeln, brauchst du dir nicht gleich einzubilden, dass ich auch nur so viel für eine doofe Nuß wie dich gebe!«

Wenn ich laut gesprochen oder ihn geschlagen hätte, wär's nicht so schlimm gewesen. Aber die Worte kamen leise und so, als wäre ich ruhig. Suckers Mund stand halb offen, und er sah aus, als hätte er sich am Musikantenknochen gestoßen. Sein Gesicht war kreideweiß, und der Schweiß stand ihm auf der Stirn. Er wischte ihn mit dem Handrücken weg, und eine Minute lang blieb sein Arm so, als müsse er etwas abwehren.

»Begreifst du denn rein gar nichts? Hast du überhaupt keine Ahnung von irgendwas? Warum besorgst du dir nicht ein Mädchen – statt mir nachzurennen? Was für 'ne Zimperliese willst du eigentlich noch werden?«

Ich wusste nicht, was ich noch alles sagen würde. Ich konnte mir nicht helfen und konnte nicht denken.

Sucker rührte sich nicht. Er hatte eine Schlafanzugjacke von mir an, und sein Hals schaute knochig und dünn heraus. Das Haar auf seiner Stirn war feucht.

»Warum lungerst du immer um mich rum? Merkst du's nicht, wenn du mir auf die Nerven gehst?«

Hinterher konnte ich mich an die Veränderung in Suckers Gesicht erinnern. Langsam verschwand der leere Ausdruck, und er machte den Mund zu. Seine Augen wurden schmale Schlitze, und er ballte die Fäuste. Noch nie hatte ich so einen Ausdruck in seinem Gesicht gesehen. Es war, als würde er von Sekunde zu Sekunde älter. In seinen Augen stand ein harter Ausdruck, wie man ihn bei einem Kind gewöhnlich nicht sieht. Ein Schweißtropfen rollte ihm am Kinn herunter, und er merkte es nicht. Er saß einfach da, den Blick auf mich geheftet, und sprach nicht, und sein Gesicht war hart und zuckte nicht.

»Nein, du merkst es nicht! Du bist zu dumm – genau wie's dein Name sagt: ein gutgläubiger Trottel!«

Mir war, als wäre etwas in mir zersprungen. Ich schaltete das Licht aus und setzte mich in einen Sessel am Fenster. Meine Beine zitterten, und ich war zum Heulen müde. Das Zimmer war kalt und dunkel. Ich saß lange Zeit da und rauchte eine zerquetschte Zigarette, die ich aufgespart hatte. Draußen im Garten war alles dunkel und still. Nach einer Weile hörte ich, wie Sucker sich hinlegte.

Ich war nicht mehr müde, nur wütend. Es kam mir schrecklich vor, dass ich zu einem erst zwölf Jahre alten Jungen so gesprochen hatte. Ich konnte es gar nicht fassen. Ich sagte mir, dass ich zu ihm gehen und versuchen würde, alles wiedergutzumachen. Aber ich ging nicht. Ich saß einfach in der Kälte da, bis sehr viel Zeit vergangen war. Ich legte mir etwas zurecht, wie ich es morgen früh in Ordnung bringen würde. Dann ging ich wieder ins Bett und versuchte nicht mit den Sprungfedern zu quietschen.

Als ich am nächsten Morgen aufwachte, war Sucker weg. Und später, als ich mich, wie ich es geplant hatte, bei ihm entschuldigen wollte, sah er mich mit dem neuen, harten Ausdruck an, so dass ich kein Wort hervorbrachte.

Das alles war vor zwei oder drei Monaten. Seither ist Sucker schneller gewachsen als jeder Junge, den ich kenne. Er ist beinahe so groß wie ich, und seine Knochen sind schwerer und dicker geworden. Er will meine abgelegten Sachen nicht mehr tragen und hat sich stattdessen sein erstes Paar lange Hosen gekauft, mit ledernen Hosenträgern! Das sind bloß Veränderungen, die einem ins Auge fallen und die man leicht in Worte fassen kann.

Unser Zimmer gehört nicht mehr mir allein. Er hat eine Jungensbande um sich versammelt, und sie haben einen Klub. Wenn sie nicht auf irgendeinem leeren Grundstück Schützengräben ausheben oder sich raufen, dann sind sie in meinem Zimmer. Auf die Tür haben sie mit Mercurochrom irgendwas Blödes geschrieben: »Wehe dem Uneingeweihten, der hier eintritt!«, und haben gekreuzte Knochen und ihr Geheimzeichen drunter gemalt. Sie haben ein Radio aufgestellt, und jeden Nachmittag quäkt Musik heraus. Als ich einmal dazukam, hörte ich mit an, wie ein Junge mit lauter Stimme erzählte, dass er beobachtet habe, was auf dem Rücksitz vom Auto seines großen Bruders geschah. Was ich nicht hörte, konnte ich erraten. *»So was tun die – mein Bruder und sie – im geparkten Wagen! Es ist die reine Wahrheit!«* Eine Minute sah Sucker überrascht aus, und sein Gesicht schien fast so wie früher zu sein. Dann wurde es wieder hart und abgebrüht. »Klar, du Trottel, das wissen wir längst!« Sie bemerkten mich nicht. Sucker begann ihnen zu erzählen, dass er vorhabe, in zwei Jahren als Trapper nach Alaska zu gehen.

Doch meistens bleibt Sucker für sich. Wenn wir beide allein zusammen im Zimmer sind, ist es schlimmer. In seiner langen Kordsamthose mit den Hosenträgern räkelt er sich auf dem Bett und starrt mich einfach mit harten, beinah höhnischen Blicken an. Ich fummele auf meinem Schreibtisch herum und komme zu nichts – wegen seiner Augen. Und das Dumme ist, dass ich unbedingt arbeiten muss, weil ich in diesem Semester schon drei schlechte Noten bekommen habe. Wenn ich Englisch verpatze, werde ich nächstes Jahr nicht zum Examen zugelassen. Ich will kein Schnorrer werden und muss mich einfach drauf konzentrieren. Aus Maybelle oder aus einem andern Mädchen mache ich mir nicht die Bohne, und was mich jetzt bedrückt, ist nur die Feindschaft zwischen mir und Sucker. Wir sprechen nie zusammen, höchstens, wenn wir's vor der Familie tun müssen. Ich will ihn nicht mal mehr Sucker nennen, und wenn ich's nicht vergesse, nenne ich ihn bei seinem richtigen Namen: Richard. Abends kann ich nicht lernen, wenn er im Zimmer ist, und ich muss im Drugstore herumsitzen und rauchen und nichts tun – mit den anderen Burschen, die da herumfaulenzen.

Am meisten wünsche ich mir, dass ich wieder meine innere Ruhe hätte. Und mir fehlt es, wie Sucker und ich eine Zeitlang zusammen waren – auf eine so komisch-traurige Art, die ich vorher nie für möglich gehalten hätte. Aber jetzt ist alles so anders, dass mir einfach gar nichts einfällt, wie ich's wieder in Ordnung bringen könnte. Manchmal habe ich gedacht, es würde helfen, wenn wir's in einem großen Boxkampf austragen würden. Aber ich kann nicht mit ihm kämpfen, weil er vier Jahre jünger ist als ich. Und dann ist da noch was andres: Manchmal lässt mich der Ausdruck in seinen Augen beinah glauben, wenn Sucker könnte, würde er mich umbringen.

»Klein und exakt wie Vermeer«
Die Erzählungen von Carson McCullers
Nachwort von Daniel Kampa

»Bleibt Carson McCullers nicht eine große Autorin, auch wenn ihre Bücher kaum gekauft werden? Ich könnte mir vorstellen, dass jener soeben geborene Leser, wenn er erst einmal fünfzehn geworden ist, sich eines ihrer Bücher aus dem Ramschkasten fischt und bei der Lektüre vom Fieber ergriffen wird«, schrieb Heinrich Böll Ende der 1960er Jahre. Viele Jahre später, ich war gerade sechzehn, fand ich in einem Ramschkasten vor einer kleinen, verlotterten Buchhandlung das Buch *Die besten Geschichten von Carson McCullers.* Ich kannte die Autorin und ihre Erzählungen nicht, sonst hätte ich sofort gemerkt, dass der wortkarge Buchhändler eigentlich eine typische McCullers-Figur abgab. Das Buch war in lindgrünes Leinen gebunden, erschienen in der Reihe *Diogenes Evergreens.* Der Neupreis wäre 19 Mark 80 gewesen – mich kostete es nur ein Viertel davon. Als Klappentext stand neben Lobeshymnen von William Faulkner, Siegfried Lenz, Horst Bienek und Gabriele Wohmann der Satz von Hans Magnus Enzensberger: »Dies hier ist lautlos, wie alles, was das Mädchen aus Georgia geschrieben hat, lautlos und lauter.« Und darauf folgte der fast resignierte und doch so schöne Ausspruch von Heinrich Böll. Auf dem Schutzumschlag war das berühmte Gemälde von Edward Hopper abgebildet: *Automat*, 1927 gemalt, das heute im Des Moines Art Center in Iowa hängt. Es zeigt eine blasse Frau, die nachts in einem leeren Café sitzt, mit einer Tasse Kaffee in der Hand, als ob diese Tasse ihr einziger Halt im Leben wäre. Die Szene ist in diffuses Licht getaucht, nur die rot geschminkten Lippen der Frau stechen heraus und ihr gelber Hut, den sie, wie ihren Mantel, im Café anbehalten hat. Es ist eine der melancholischen Frauengestalten, die Edward Hopper so oft gemalt hat.

Ich las die Erzählungen und wurde wirklich vom Fieber ergriffen. Nur wenige der Geschichten in dem Band gefielen mir nicht; mit *Der Marsch* konnte ich nicht viel anfangen (und so fehlt diese Erzählung denn auch in der vorliegenden Auswahl). Aber *Madame Zilensky und der König von Finnland* oder *Ein Baum, ein Felsen, eine Wolke* gehören bis heute zu meinen Lieblingsgeschichten in der Weltliteratur.

Irgendwie stellte ich mir Carson McCullers lange Zeit wie die Frau auf dem Gemälde von Edward Hopper vor. Erst später sah ich ein Foto der Autorin, ich glaube, das Portrait mit den über dem Kopf verschränkten Armen und der Zigarette in der Hand. Danach die berühmte Serie von Henri Cartier-Bresson, die sie am Schreibtisch und in ihrem Garten zeigt. Auf all diesen Fotos trägt Carson McCullers burschikose Hemden, ihre kurzen Haare wirken wie selbstgeschnitten und betonen noch ihre androgynen Züge. Doch ihr rundes Gesicht hat auch etwas Kindliches, auch wegen der großen, träumerisch schauenden Augen, die stets dunkel umrandet sind. »Das Mädchen aus dem Süden« – so nannte sie nicht nur Hans Magnus Enzensberger, sondern viele andere Kritiker, auch als die Autorin längst über vierzig war. Klaus Mann notierte: »26. Juni 1940. Seltsame neue Bekanntschaft: die junge Carson McCullers, Autorin des schönen Romans *Das Herz ist ein einsamer Jäger.* Sonderbar die Mischung aus Raffinement und Wildheit, ›morbidezza‹ und Naivität.«

Zum Glück ist Carson McCullers im deutschsprachigen Raum heute bekannter als zu Lebzeiten Heinrich Bölls, doch nach wie vor kennt man vor allem ihren legendären Debütroman und die Novelle

Die Ballade vom traurigen Café. Mit vielen Autoren teilt sie das Schicksal, an ein, zwei Hauptwerken festgemacht zu werden, so wie George Orwell an *Farm der Tiere* und *1984*, F. Scott Fitzgerald an *Der große Gatsby* oder Friedrich Dürrenmatt an *Der Besuch der alten Dame* und *Die Physiker*, während andere Schätze aus dem großen Werk dieser Autoren Geheimtipps bleiben.

Die wirkungsmächtigste Fürsprecherin war in den letzten Jahren Elke Heidenreich, die ihren Lieblingsroman *Das Herz ist ein einsamer Jäger* im Dezember 2003 in der Fernsehsendung *Lesen!* vorstellte. Danach wurden innerhalb weniger Wochen fast 40 000 Taschenbücher verkauft – gegenüber zuvor 1500 bis 3000 Exemplaren pro Jahr. Ihre Leseerfahrung hat Elke Heidenreich ergreifend geschildert: »Mit fünfzehn las ich dieses Buch zum ersten Mal und wusste: Das handelt von mir. Ich war Mick Kelly, das Mädchen mit den Träumen von Musik und Schönheit in einer Umgebung, die Träume nicht zuließ. Mit zwanzig war ich Jake Blount, der zornige Revolutionär. Mit dreißig fühlte ich wie Dr. Copeland, der schwarze Doktor, und ich wollte Ungerechtigkeit und Dummheit aus der Welt vertreiben. (Ach!) Als es mit den Leidenschaften nicht so klappte, wie ich wollte, war Biff Brannon mein Mann, der melancholische, unglücklich verheiratete Wirt mit der heimlichen Liebe im Herzen. Und heute weiß ich: Mr. John Singer ist die rätselhafte Hauptfigur dieses verzweifelt schönen Buches über das Scheitern menschlicher Sehnsucht. John Singer, der sanfte Taubstumme, zu dem alle mit ihren Sorgen kommen, sich verstanden fühlen, weil da einer einfach nur mal still zuhört, und Singer versteht gar nicht, was all diese Menschen von ihm wollen, und reagiert mit einer Verzweiflungstat. Was für ein Buch!«

In den USA hat Carson McCullers einen ähnlichen Rang wie Ernest Hemingway oder F. Scott Fitzgerald, gehören *Das Herz* und die *Ballade* zum Kanon und sind Pflichtlektüre in Highschools und auf Colleges. Aber auch in den USA verhalf das Fernsehen ihr zu einer neuen Leserschaft. Als die Talkshow-Queen Oprah Winfrey dort 2004 *Das Herz ist ein einsamer Jäger* in ihrer Sendung besprach, druckte der amerikanische Verlag Houghton Mifflin 700 000 Exemplare, und für kurze Zeit stand der Roman sogar auf Platz 1 der amerikanischen Bestsellerlisten.

*

Neben ihren weltberühmten Romanen hat Carson McCullers ihr Leben lang Erzählungen geschrieben, und diese nehmen eine zentrale Stellung in ihrem Werk ein. Man darf nicht vergessen, dass ihr Romandebüt *Das Herz ist ein einsamer Jäger* eine Vorlage hatte: *Der Stumme,* eine Erzählung, die sie im Alter von neunzehn Jahren schrieb. In ihren Erzählungen hat McCullers die Motive ihrer Romane vorweggenommen und immer wieder variiert: Einsamkeit, unerwiderte Liebe, Alkohol, die Mühen der künstlerischen Schöpfung.

An die Öffentlichkeit trat Carson McCullers mit der Erzählung *Wunderkind,* die sie mit sechzehn schrieb und die 1936 in der New Yorker Zeitschrift *Story* veröffentlicht wurde, als sie noch nicht einmal zwanzig Jahre alt war. *Wunderkind,* stark autobiographisch gefärbt, ist das einfühlsame Portrait einer Fünfzehnjährigen, von der die Eltern, der Klavierlehrer und vor allem aber sie selbst glauben, sie sei ein Wunderkind, dem eine große Karriere als Pianistin bevorstehe – bis das Mädchen eines Nachmittags schmerzhaft erkennt, dass ihr Talent nicht ausreicht. Ein Wunderkind, das sich selbst entzaubert. Das Mädchen Frances ist die erste von vielen McCullers-Helden, die an der Unerfüllbarkeit ihrer Sehnsüchte zugrunde gehen.

Die Erzählung *Sucker,* erst 1963 erschienen, ist ein Frühwerk wie *Wunderkind.* Carson McCullers schrieb sie wahrscheinlich mit siebzehn. Sucker ist der Spitzname von Petes zwölf Jahre altem Cousin. Sucker, ein stiller und schüchterner Junge, ist Vollwaise, und all seine Liebe gehört dem vier Jahre älteren Pete. Er idealisiert ihn, klammert sich an ihn, schenkt ihm bedingungslos seine ganze Aufmerksamkeit. Für Sucker bricht eine Welt zusammen, als Pete auf einmal keine Zeit mehr für ihn hat, nicht mehr mit ihm reden möchte, ihn schließlich grob beschimpft und zurückweist. Denn Pete hat zum ersten Mal Schmetterlinge im Bauch und träumt von seiner Klassenkameradin Maybelle. Erst ignoriert Maybelle Pete, dann kommt es zu einer Annäherung zwischen den beiden und zu einem kurzen Glücksmoment für Pete, bis das Mädchen ihn grausam zurückstößt, um mit einem älteren Jungen zusammen zu sein. Erst im Nachhinein merkt Pete, dass er dieses Auf und Ab der Gefühle auf seine Beziehung zu seinem Cousin übertragen hat – und so die enge Bindung zu ihm für immer zerstört hat. »Mir fehlt es, wie Sucker und ich eine Zeitlang zusammen waren – auf eine so komisch-traurige Art, die ich vorher nie für möglich gehalten hätte. Aber jetzt ist alles so anders, dass mir einfach gar nichts einfällt, wie ich's wieder in Ordnung bringen könnte.«

In *Ein Baum, ein Felsen, eine Wolke* stellt ein alter verwahrloster Mann eine abstruse Theorie der

Liebe auf, die er in einer magischen Nacht einem Zeitungsjungen in einem leeren Café darlegt: »›Ich hab über die Liebe meditiert. Ich hab begriffen, was wir falsch machen. Ohne die geringste Anleitung wagt sich der Mann an das gefährlichste und heiligste Erlebnis auf Erden. Er verliebt sich in eine Frau. Hab ich recht, Son? Aber sie fangen die Liebe am falschen Ende an. Sie fangen beim Höhepunkt an. Kann man sich da wundern, dass es unglücklich ausgeht? (…) Weißt du, wie Liebe anfangen sollte?‹ Der Junge saß ganz klein und still da und hörte zu. Er schüttelte langsam den Kopf. Der alte Mann beugte sich näher zu ihm und flüsterte: ›Ein Baum. Ein Felsen. Eine Wolke.‹«

»*Ein Baum, ein Felsen, eine Wolke* kam nach einer langen Phase der Krankheit, in der ich tatsächlich einen Stein aufgehoben und einen Baum betrachtet hatte, und plötzlich kam die magische Erleuchtung«, erinnert sich Carson McCullers in ihrer unvollendet gebliebenen Autobiographie. »Ich möchte jetzt nichts weiter über Erleuchtungen schreiben, weil sie so geheimnisvoll sind und ich sie genauso wenig verstehe wie meine Leser. Ich bin einfach von ihnen fasziniert. Ich kann sie nicht erklären, sondern nur sagen, dass sie in meinem Fall kommen, wenn ich mich Monate oder Jahre mit einem Buch abgeplagt habe, und auf die Erleuchtungen folgen weitere Monate und Jahre, bis das Werk fertig ist.«

Im Schriftstellerleben von Carson McCullers gab es langwierige künstlerische Krisen – eine Erfahrung, die in die Erzählung *Wer hat den Wind gesehen?* eingeflossen ist. »Es gab so viele angstvolle Zeiten, in denen ich absolut ›un-erleuchtet‹ war und fürchtete, nie wieder schreiben zu können. Diese Angst gehört zu den größten Schrecken im Leben eines Autors … Einmal schrieb ich eine Geschichte über einen Schriftsteller, der nicht mehr schreiben konnte, und mein Freund Tennessee Williams sagte: ›Woher hattest du nur den Mut, diese Geschichte zu schreiben? Sie ist das Beängstigendste, was ich je gelesen habe.‹«

»›Ein Heimatloser?‹, wiederholte Ferris. ›Das Wort gefällt mir nicht sehr.‹

›Weißt du ein besseres?‹, fragte sie.

Er dachte einen Augenblick nach. ›Vielleicht würde ›Nomade‹ besser passen.‹«

Der Mann, der so in der Erzählung *Der Nomade* spricht, hat beim Zwischenhalt in New York auf seiner Fahrt nach Paris zufällig seine geschiedene Frau Elizabeth gesehen. Er ruft sie später an, sie lädt ihn zum Abendessen zu sich nach Hause ein. Und dieser Abend, inmitten des Familienglücks mit ihrem feinfühligen Gatten und zwei charmanten kleinen Kindern, stellt Ferris' ganzes Leben in Frage. »Ferris empfand sich plötzlich als Zuschauer, als Eindringling bei diesen Baileys. Warum war er hergekommen? Er litt. Sein eigenes Leben erschien ihm so einsam, eine letzte morsche Säule inmitten der Trümmer seiner Lebensjahre, die nichts und niemanden stützte.«

Die Begriffe ›einsam‹, ›Einsamkeit‹ oder ›allein‹ in ebendieser Bedeutung kommen 87 Mal in Carson McCullers' Erzählungen vor, die knapp über 400 Seiten füllen. Im Roman *Das Herz ist ein einsamer Jäger* 107 Mal. Carson McCullers' Figuren fühlen sich selten wohl in ihrer Haut, nicht heimisch in einer Welt, in der sie sich unverstanden und alleingelassen glauben. »Seelische Isolierung ist die Basis der meisten meiner Themen. Mein erster Roman handelt fast ausschließlich davon, und seither mehr oder weniger auch alle meine anderen Bücher. Liebe, und besonders die Liebe zu einem Menschen, der unfähig ist, sie zu erwidern oder zu empfangen, bildet den Kern meiner Auswahl grotesker Gestalten, über die ich schreibe«, so Carson McCullers.

Von Sonderlingen und rätselhaften Begebenheiten wimmelt es auch in der Erzählung *Madame Zilensky und der König von Finnland*, einer der schönsten Künstlernovellen der Literatur. Da gibt es zum Beispiel drei Jungs, die nie einen Teppich überqueren, oder einen Hund, der rückwärts trippelt. Am befremdlichsten jedoch ist die exzentrische Madame Zilensky, die neue Professorin für Musik am Ryder College. Als Komponistin und Pädagogin hat sie zwar einen hervorragenden Ruf, doch warum erzählt sie den ganzen Tag Lügenmärchen? Und was hat es mit ihren drei Ex-Gatten auf sich, dem »Franzmann«, dem »Polen, der die Pikkoloflöte spielte«, und dem Finnen, von denen sie vorgibt, je einen Sohn zu haben, obwohl die Söhne alle gleich aussehen? Aber vor allem: Was hat es mit dem König von Finnland auf sich? Professor Brook, der Madame Zilensky an die Musikakademie geholt hat, lässt die Sache nicht mehr los. Aber hinter dem Geheimnis des mysteriösen Königs steht nur die Erkenntnis, dass jede leidenschaftliche künstlerische Tätigkeit immer dem Leben abgetrotzt werden muss. »Ihr Leben lang hatte Madame Zilensky gearbeitet – am Klavier, im Klassenzimmer und an ihren herrlichen, großartigen zwölf Symphonien. Tag und Nacht hatte sie sich abgerackert und abgemüht und war mit ganzer Seele bei der Arbeit gewesen, so dass für etwas anderes nicht viel übrig blieb. Als menschliches Wesen litt sie unter dieser Einseitigkeit und versuchte, sich dafür schadlos zu halten. Wenn sie den Abend, über einen Tisch gebeugt, in der Bibliothek verbracht hatte und später behauptete, sie hätte sich die Zeit mit Kartenspielen vertrieben, so war es, als hätte sie beides gleichzeitig getan. Die Lügen verhalfen ihr zu einem Ersatzleben. Sie verdoppelten das bisschen Dasein, das außer der Arbeit noch vorhanden war, und vergrößerten den kleinen Fetzen persönlichen Lebens.«

*

1967, wenige Monate vor ihrem Tod, diktierte die Autorin, schwerkrank und ans Bett gefesselt: »Mein Leben war, dem Himmel sei Dank, fast vollständig ausgefüllt mit Arbeit und Liebe. Die Arbeit war nicht immer einfach, die Liebe auch nicht.« Das alles andere als einfache Leben der Carson McCullers beginnt am 19. Februar 1917 in Columbus in Georgia, im Süden der USA. Der Vater der kleinen Lula Carson Smith ist Juwelier und Uhrmacher, die Mutter ist von der Geburt an überzeugt, dass die erstgeborene Tochter etwas Besonderes ist: ein Genie. Als Carson im Alter von fünf Jahren erste Anzeichen für eine musikalische Begabung zeigt, kauft der Vater ein Klavier, zu ihrem vierzehnten Geburtstag bekommt sie eine Schreibmaschine. Carson ist sofort fasziniert von dieser ›neuen

Musik‹, führt mit ihren Geschwistern selbstverfasste Theaterstücke auf und versucht sich an ersten Romanen. Am Plan, Konzertpianistin zu werden, hält sie zunächst fest. Nach der Highschool schreibt sie eine Weile als Lokalreporterin für die örtliche Zeitung, den *Columbus Enquirer*, doch immer größer wird die Sehnsucht, aus der verschlafenen Kleinstadt auszubrechen. Ihr Sehnsuchtsort heißt New York.

Carson ist gerade siebzehn, als sie 1934 von Savannah aus per Dampfer aufbricht, mit 500 Dollar, die in ihre Hose eingenäht sind. Die Eltern haben einen kostbaren Ring der Großmutter verkauft, um ihr das Klavierstudium an der renommierten Juilliard-Musikschule zu ermöglichen. Doch kaum ist sie in Manhattan angekommen, verschwindet das Geld. Verloren? Gestohlen? Sie sollte es nie verraten. Eine Version der Geschichte: Carson hatte das Geld einer vermeintlichen Freundin zur Aufbewahrung anvertraut, die einfach damit verschwand und das Südstaatenmädchen allein in der Metrostation zurückließ. Tennessee Williams, der Schriftstellerkollege und Freund, meinte dazu: »Jedenfalls wurde die musikalische Laufbahn zugunsten der Schriftstellerei aufgegeben, und irgendwann einmal sollte irgendwo in den dumpfen und labyrinthischen Abgründen der New Yorker Subway – vielleicht zwischen einem

Kaugummi-Automaten und einer Waage mit Charakteranalyse – eine Bronzetafel zum Andenken an die böse Kameradin angebracht werden, die sich mit Carsons Geld für das Klavierstudium davonmachte.«

Carson belegt Kurse in ›creative writing‹ an der Columbia University, daneben jobbt sie als Sekretärin, Kellnerin und Barpianistin und lektoriert die Witzseiten für ein Comic-Magazin. Doch sie will eine ernsthafte Schriftstellerin werden, und das scheint ihr auch zu gelingen: Die renommierte Zeitschrift *Story*, in der auch die ersten Texte von Truman Capote, Jerome D. Salinger, Norman Mailer oder Graham Greene erscheinen, druckt 1936 ihre Erzählung *Wunderkind*. Im selben Jahr lernt sie den Unteroffizier Reeves McCullers kennen: »Als ich ihn das erste Mal sah, traf es mich wie ein Schock, ein Schock reinster Schönheit«, erinnert sie sich, »er war der bestaussehende Mann, den ich je gesehen hatte.« Und er wusste genau, wie er sie beeindrucken konnte: Zum ersten Rendez-vous brachte er ihr Zigaretten und Bier, keine Blumen. Schon als Teenager war Carson McCullers eine starke Raucherin und Trinkerin – und blieb es ihr ganzes Leben. Ein Jahr später heiratet das Paar und zieht nach North Carolina. Auch Reeves hat schriftstellerische Ambitionen, und die beiden schließen einen Pakt: Jeder soll ein Jahr lang schreiben dürfen, während der andere den Lebensunterhalt für beide verdient. Danach sollten die Rollen getauscht werden.

Carson beginnt einen Roman: Tief im Süden, in einer kleinen Stadt in Georgia, scheint in der flirrenden Sommerhitze und inmitten des ewigen Surrens der Baumwollspinnereien die Zeit erstarrt – wie die Träume ihrer Bewohner. Im Café New York kreuzen sich die Wege von vier Menschen: das Mädchen Mick, der rebellische Jake Blount, der farbige Arzt Dr. Copeland und der melancholische Cafébesitzer Biff Brannon. Halt und Vertrauen gibt diesen so unterschiedlichen Außenseitern ein Mann namens John Singer, der jeden Tag im Café zu Abend isst. Er ist es, dem alle ihr Herz ausschütten. Er ist es, der ihnen zuhört, sie versteht und ihnen Trost spendet – obwohl, vielleicht aber auch gerade, weil er taubstumm ist.

1940 erscheint dieser erstaunliche Roman unter dem Titel *Das Herz ist ein einsamer Jäger* und macht Carson McCullers auf einen Schlag berühmt. Kritiker und Schriftstellerkollegen sind verblüfft über die Meisterschaft und die Lebensweisheit, die sich in diesem Debüt offenbart. Die 23-Jährige gilt als literarisches Wunderkind: »Ich wurde über Nacht zu einer etablierten literarischen Persönlichkeit, und ich war viel zu jung, um zu verstehen, was da mit mir geschah oder welche Verantwortung damit verbunden war. Ich muss unerträglich gewesen sein.«

Gleichzeitig erreicht ihre Ehe den Tiefpunkt. Für Reeves, der im Gegensatz zu seiner Frau keine Zeile zu Papier bringt, ist Carsons Erfolg schwer zu verkraften, und seine Trunksucht tritt immer deutlicher zutage. Endlose Streitereien, Enttäuschungen, Vertrauensbrüche, auch Gewalttätigkeiten machen die Beziehung zur Hölle. Als Reeves wiederholt die Unterschrift seiner Frau fälscht, um Geld von ihrem Konto abzuzweigen, lässt sie sich scheiden.

Zusammen mit dem Dichter W. H. Auden mietet sie in Brooklyn ein Haus, das rasch zum Mittelpunkt der New Yorker Boheme wird. Das sogenannte ›February-Haus‹, das seinen Namen dem Umstand verdankt, dass die meisten Bewohner im Februar geboren sind, ist eine schillernde Künstlerkommune mit wechselnden Mietern und Gästen wie Salvador Dalí, Benjamin Britten, Paul und Jane Bowles, John Steinbeck, Erika Mann oder Annemarie Schwarzenbach – »von keinem Menschen wird hier erwartet, dass er wie jedermann ist«. Es ist wohl eines der wenigen Häuser in Brooklyn, über das eine Biographie geschrieben wurde. Es war, so Denis de Rougemont, »eine unwahrscheinliche Mischung von Kafka, von

Cocteau'schem ›Enfants terribles‹ … Man schrieb, komponierte, bildhauerte, spielte Klavier in allen Zimmern, deren Türen stets offen standen.« Trotz des Trubels arbeitet Carson McCullers unermüdlich, überarbeitet einzelne Manuskriptseiten bis zu zwanzig Mal. 1941 erscheint ihr zweiter Roman, *Spiegelbild im goldnen Auge*. Im Zentrum dieses zum Teil verstörenden Buchs stehen zwei Paare, die in ihrer monotonen Existenz gefangen sind und deren zwischenmenschliche Verstrickungen unausgesprochen bleiben: Jeden Abend sitzen Major Langdon aus dem Militärcamp und seine kränkliche Frau beim Kartenspiel mit Hauptmann Penderton und dessen Frau Leonora, heimlich beobachtet vom Gefreiten Williams, der von der flamboyanten Frau magisch angezogen ist. Ein ›Huis clos‹, das um Gesellschaftskonventionen, Obsessionen, Liebe und Hass kreist – mit dramatischem Ausgang.

Das Setting ist, typisch für Carson McCullers, wieder ein trostloses, verlassenes Südstaatennest. Neu ist die relative Offenheit, mit der McCullers das Thema der Homosexualität thematisiert. Denn so wie der Gefreite Williams von der sinnlichen Mrs. Penderton angezogen ist, fühlt sich Hauptmann Penderton vom Gefreiten angezogen – ja, von Männern allgemein. In einer Schachtel bewahrt er Gegenstände auf, die ihn an erregende Begegnungen mit Männern erinnern. Doch nach außen kann er seine sexuelle Ambivalenz nicht zeigen, was ihn letztlich zugrunde richtet. Über Carson McCullers' eigene Homosexualität wurde wild spekuliert, es wurde ihr eine Affäre mit Annemarie Schwarzenbach angedichtet, aber heute nimmt man an, dass es bei einer unerfüllten Sehnsucht blieb. »Ich weiß von keiner Freundin, die ich mehr geliebt habe«, bekannte McCullers in ihrer Autobiographie.

1941 erleidet Carson McCullers einen Schlaganfall, mit gerade 24 Jahren. Die Schriftstellerin wird nie wieder ganz gesund werden. Doch ihrer fragilen Gesundheit zum Trotz – mitten im Zweiten Weltkrieg, in den nun auch die USA eingetreten sind –, erlebt sie eine höchst produktive Zeit. Sie beginnt den Roman *Frankie* und unterbricht die Arbeit daran nur, um zwischendurch *Die Ballade vom traurigen Café* zu schreiben, die meisterhafte Novelle einer tragischen Dreiecksbeziehung, »um derentwillen man sich vermutlich noch an die Autorin erinnern wird, wenn Faulkner und Wolfe längst vergessen sind«, so Tilman Spreckelsen in der *Frankfurter Allgemeinen Zeitung*.

In dieser Zeit tritt Reeves erneut in ihr Leben. Zunächst schreibt er ihr Briefe, darauf besucht sie ihn in New Jersey, wo er als Infanterist ausgebildet wird, und bald ist auch von Wiederheirat die Rede. Als er 1943 an die Front nach Europa geschickt wird, vergeht McCullers fast vor Sorge. Nach Kriegsende kehrt Reeves mit einer leichten Verletzung nach Amerika zurück, und das Paar heiratet ein zweites Mal. Hat Carson McCullers nun ihr ›Wir‹ gefunden? »Das Schlimme bei mir ist, dass ich so lange bloß eine Ich-Person gewesen bin. Alle Menschen gehören zu einem Wir, bloß ich nicht. Es macht einen zu einsam, wenn man nicht einem Wir angehört« – das beklagt sehnsüchtig die zwölfjährige Titelheldin von McCullers' drittem Roman *Frankie*, der 1946 erscheint. Die störrische, musikalische Frankie Addams ist ein frühreifes Mädchen, hin- und hergerissen zwischen dem Wunsch dazuzugehören und dem Drang auszureißen, zwischen Kindheit und Erwachsenwerden, zwischen Sehnsüchten und Ängsten. Sie ist von der Idee besessen, an der Hochzeit ihres älteren Bruders teilzunehmen und danach gemeinsam mit dem jungen Paar fortzugehen und ihr kleines Leben hinter sich zu lassen. Widerborstig und jungenhaft, aber auch sensibel und verträumt, ist die mutterlos aufgewachsene Frankie eine Art melancholischer Tom Sawyer und eine vorweggenommene rebellische Schwester von Salingers Holden Caulfield. *Frankie* ist der rührendste – und wohl auch autobiographischste – Roman von Carson

McCullers – und die amerikanische Leserschaft schließt die junge, wilde Heldin sofort in ihr Herz.

Auf Anregung des Dramatikers Tennessee Williams adaptiert McCullers *Frankie* für die Bühne. Das Stück feiert am Broadway Erfolge. Die Tantiemen machen die Schriftstellerin finanziell unabhängig, so dass sie unbeschwert mit Reeves nach Europa reisen und sich bei Paris ein Haus kaufen kann. In Paris schlägt das Unglück erneut zu: Nach einer Reihe schwerer Schlaganfälle ist Carson McCullers ab 1947 halbseitig gelähmt. Während sie sich langsam erholt, wird das Eheleben mehr und mehr zur Hölle: Reeves, der ein guter Soldat war, weiß als Zivilist wenig, als Möchtegern-Schriftsteller gar nichts mit sich anzufangen und versinkt in Depressionen und Trunksucht. In ihrer Autobiographie erinnert sich die Schriftstellerin: »Wir hatten gute Zeiten, und das machte es so schwierig. Wenn alles schlecht gewesen wäre, wäre es so eine Erleichterung gewesen, denn dann hätte ich ihn ohne diesen Kampf verlassen können. (…) Er war für mich eine enorme Hilfe, als ich *Das Herz* und *Spiegelbild* schrieb. Ich ging völlig in meiner Arbeit auf, und wenn das Essen anbrannte, schimpfte er nie mit mir. Außerdem las er jedes Kapitel, sobald es fertig war, und sprach es mit mir durch. Einmal fragte ich ihn, ob *Das Herz* seiner Meinung nach gut sei. Er dachte lange nach und sagte dann: ›Nein, es ist nicht gut, es ist großartig.‹«

Nachdem Reeves im Spätsommer 1953 versucht, seine Frau zum gemeinsamen Selbstmord zu überreden, flieht sie entsetzt und um ihr Leben fürchtend zurück nach Amerika. Monate später nimmt sich Reeves im Delirium in einem Hotelzimmer in Paris das Leben. »Das Verlorene in Reeves erkannte ich erst, als es viel zu spät war, ihn oder mich zu retten«, wird sie über diese schweren Zeiten schreiben.

Carson McCullers übersiedelt nach Nyack bei New York und beginnt einen neuen Roman, doch geht es ihr gesundheitlich so schlecht, dass sie bisweilen befürchtet, dieses Buch über einen Mann, der auf den Tod wartet, nicht beenden zu können. Der Misserfolg ihres Stücks *The Square Root of Wonderful* 1957 am Broadway ist ein weiterer Schlag. Mit einer Hand tippend – die andere ist gelähmt – setzt die Schriftstellerin ihre Arbeit fort. 1961 endlich erscheint *Uhr ohne Zeiger,* wird ein großer Publikumserfolg und bleibt fünf Monate auf den Bestsellerlisten. Zum ersten Mal hat sie auch im Ausland Erfolg, 1964 erhält sie den Internationalen Verlegerpreis. Hauptfigur von *Uhr ohne Zeiger* ist der Apotheker Malone, verheiratet und Vater zweier Kinder, der ein gewöhnliches kleinbürgerliches Leben führt, das man weder glücklich noch unglücklich nennen kann. Dann erfährt er von seinem Arzt, dass er nur noch ein gutes Jahr zu leben hat. Was bisher wichtig war, verliert über Nacht jegliche Bedeutung. Hat Malone genügend Zeit, sich von der Vergangenheit zu lösen und das Sterben zu akzeptieren? Reichen ihm die verbleibenden Monate, um sich damit abzufinden, dass ein Leben nie voll gelebt werden kann? Kann er in der kurzen Zeit, die ihm noch bleibt, herausfinden, was er im Leben übersehen hat?

Carson McCullers' Gesundheit verschlechtert sich zusehends. Mehrmals wird sie operiert, immer häufiger muss sie im Rollstuhl bleiben und das Bett hüten. Das Haus in Nyack verlässt sie nur noch selten, höchstens ein- bis zweimal im Jahr, um ein paar Tage im Hotel Plaza in New York zu verbringen, wo sie Freunde, Bekannte und Journalisten empfängt. 1959 findet hier ein legendäres Treffen mit Tania Blixen statt, zu dem sie auch Marilyn Monroe und Arthur Miller einlädt. Im Plaza feiert sie auch im Februar 1967 ihren 50. Geburtstag, und da sie die Festivitäten gut übersteht, erlaubt ihr der Arzt, den befreundeten Regisseur John Huston, der eben *Spiegelbild im goldnen Auge* mit Marlon Brando und Liz Taylor verfilmt hat, in seinem Landhaus in Irland zu besuchen – dies sollten die letzten glücklichen Tage werden.

In ihrem letzten Lebensjahr vertraute Carson McCullers einem Journalisten an: »Manchmal denke ich, Gott hat mich mit Hiob verwechselt.« Doch ihr Lebenswille blieb bis zuletzt ungebrochen. Die Schriftstellerkollegin Ulla Isaksson erzählt von einem Besuch bei der durch ihre Krankheit gezeichneten Autorin. Als die Haushälterin der Besucherin Champagner serviert, greift auch die todkranke McCullers in einer schmerzhaften Verdrehung zum Glas, »neigte sich mir entgegen, erhob mit einer gewaltsamen Geste das Glas in die Luft und sagte mit heiserer Stimme: ›To the joy of life!‹«

»Der Tod bleibt sich immer gleich, doch jeder Mensch stirbt seinen eigenen Tod«, lautet der erste Satz ihres letzten Romans *Uhr ohne Zeiger.* 1967 erleidet Carson McCullers erneut einen Schlaganfall, und am 29. September, nach 47 Tagen im Koma, hört ihr Herz auf zu schlagen. »Carsons Herz«, schreibt Tennessee Williams, »war oft einsam, und es war ein unermüdlicher Jäger auf der Suche nach Menschen, denen sie es anbieten konnte; aber es war ein Herz, das mit einem Licht gesegnet war, das seine Schatten überstrahlte.«

Und dieses Licht strahlt noch heute. In ihrer Autobiographie schreibt Carson McCullers von ihrer Vorliebe für Bücher, die »klein und exakt sind, wie Vermeer«, und unbewusst hat sie damit vielleicht die beste Beschreibung für ihre eigenen Erzählungen gegeben. Wie Vermeers Gemälde sind Carson McCullers' Erzählungen knapp und präzise beobachtet, liebevoll den Figuren gegenüber, die sie in ein poetisches, warmherziges Licht taucht. Unabhängig davon, wie melancholisch Carson McCullers die Welt zeichnet, wie unzulänglich und zerbrechlich sie ihre Helden portraitiert, ihre Geschichten strahlen etwas aus, das die Seele des Lesers streichelt.

»Klein« ist auch das Œuvre der beiden: Vermeers Gesamtwerk umfasst nur 37 Gemälde, Carson McCullers hat lediglich 23 Erzählungen geschrieben. Aber darunter finden sich Juwelen, die auch heute noch hell leuchten – im Schein ihrer unnachahmlichen Poesie und ihrer dem Weltschmerz abgerungenen Lebensbejahung.

Nachweis

Die Erzählungen sind chronologisch nach amerikanischer Erstveröffentlichung geordnet.
AE bedeutet amerikanische Erstveröffentlichung,
DE bedeutet deutsche Erstveröffentlichung.

Wunderkind (Wunderkind)
AE in ›Story‹ IX, Dec. 1936
DE in Die Ballade vom traurigen Café, Zürich 1961

Madame Zilensky and the King of Finland (Madame Zilensky und der König von Finnland)
AE in ›New Yorker‹ XVII, Dec. 20, 1941
DE in Die Ballade vom traurigen Café, Zürich 1961

A Tree, a Rock, a Cloud (Ein Baum, ein Felsen, eine Wolke)
AE in ›Harper's Bazaar‹ LXXVI, Nov. 1942
DE in Die Ballade vom traurigen Café, Zürich 1961

The Sojourner (Der Nomade)
AE in ›Mademoiselle‹ XXXI, May 1950
DE in Die Ballade vom traurigen Café, Zürich 1961

A Domestic Dilemma (Ein häusliches Dilemma)
AE in ›New York Post Magazine Section‹, Sept. 16, 1951
DE in Die Ballade vom traurigen Café, Zürich 1961

The Haunted Boy (Der verfolgte Junge)
AE in ›Mademoiselle‹ XLII, Nov. 1955
DE in Erzählungen I, Zürich 1974

Who Has Seen the Wind? (Wer hat den Wind gesehen?)
AE in ›Mademoiselle‹ XLIII, Sept. 1956
DE in Die Ballade vom traurigen Café, Zürich 1961

Sucker (Sucker)
AE in ›Saturday Evening Post‹ CCXXXVI, Sept. 28, 1963
DE in Erzählungen I, Zürich 1974

Carson McCullers im Diogenes Verlag

»Heute streitet man sich auch in Deutschland nicht mehr um Rang und Ruhm von Carson McCullers, deren erster Roman *Das Herz ist ein einsamer Jäger* bereits 1940 von renommierten Kritikern des englischen Sprachgebiets gepriesen wurde. Er machte die Dreiundzwanzigjährige auf der Stelle berühmt und gewissermaßen zur Kollegin großer Schriftsteller wie Dostojewskij, Melville und Faulkner, der selber ihr Werk verehrt hat.« *Gabriele Wohmann*

Die Romane in vier Bänden in Kassette
In revidierten Übersetzungen und in der Lieblingsausstattung von Carson McCullers
Alle Bände auch als Einzelausgaben (Leinen) erhältlich:

Das Herz ist ein einsamer Jäger
Roman. Aus dem Amerikanischen von Susanna Rademacher. Mit einem Nachwort von Richard Wright
Auch als Diogenes Hörbuch erschienen, gelesen von Elke Heidenreich

Frankie
Roman. Deutsch von Richard Moering. Mit einem Nachwort von Marguerite Young

Spiegelbild im goldnen Auge
Roman. Deutsch von Richard Moering. Mit einem Nachwort von Tennessee Williams

Uhr ohne Zeiger
Roman. Deutsch von Elisabeth Schnack. Mit einem Nachwort von Siegfried Lenz

Außerdem lieferbar:

Die Ballade vom traurigen Café
Deutsch von Elisabeth Schnack
Auch als Diogenes Hörbuch erschienen, gelesen von Elke Heidenreich

Gesammelte Erzählungen
Deutsch von Elisabeth Schnack
Lieferbar als Schmuckausgabe (Leinen im Schuber) und als Taschenbuch
Daraus die Erzählungen ›Madame Zilensky und der König von Finnland‹ und ›Ein Baum, ein Felsen, eine Wolke‹ auch als Diogenes Hörbuch erschienen, gelesen von Elke Heidenreich

Wunderkind und andere Meistererzählungen
Deutsch von Elisabeth Schnack. Ausgewählt von Daniel Keel und Daniel Kampa. Mit einem Nachwort von Daniel Kampa
Ausgewählte Erzählungen daraus auch als Diogenes Hörbuch erschienen, gelesen von Elke Heidenreich

Die Autobiographie
Illumination and Night Glare
Herausgegeben von Darlos L. Dews. Deutsch von Brigitte Walitzek. Mit zahlreichen Abbildungen

Patricia Highsmith im Diogenes Verlag

Im Frühling 2002 hat der Diogenes Verlag eine Werkausgabe von Patricia Highsmith mit weltweit unveröffentlichten Stories aus dem Nachlass und mit Neuübersetzungen ihres zu Lebzeiten erschienenen Werks gestartet (u.a. von Nikolaus Stingl, Melanie Walz, Irene Rumler, Christa E. Seibicke, Dirk van Gunsteren, Werner Richter und Matthias Jendis). Alle Bände in neuer Ausstattung, kritisch durchgesehen nach den Originaltexten und mit einem Nachwort zu Lebens- und Werkgeschichte. Die Edition macht sich erstmals die Aufzeichnungen der Autorin zur Entstehungsgeschichte einzelner Werke, zu Plänen und Inspirationsquellen zunutze und informiert über den schöpferischen Prozess und über die Lebenszusammenhänge, wie sie sich aus den Notiz- und Tagebüchern der Autorin rekonstruieren lassen.

»Der Diogenes Verlag, lang möge er leben, hat eine Patricia-Highsmith-Werkausgabe gestartet, alle Bände mit hervorragenden Nachworten von Paul Ingendaay. Ein beklemmender Sog, ein Genuss, ein Fest.«
Alex Rühle / Süddeutsche Zeitung, München

»Die Werkausgabe von Patricia Highsmith ist eine verlegerische Großtat.«
Heinrich Detering / Frankfurter Allgemeine Zeitung

»Mit der erstmals vollständig und höchst nuanciert neu übersetzten Werkausgabe kommen auf Highsmith-Leser glänzende Tage zu. Der wahre Genuss. Wir warten schon.«
Tobias Gohlis / Die Zeit, Hamburg

»Obwohl heute eine der weltweit meistgelesenen Schriftstellerinnen der Gegenwart, bleibt das Werk von Patricia Highsmith noch zu entdecken.«
Le Monde, Paris

Werkausgabe in 32 Bänden. Herausgegeben von Paul Ingendaay und Anna von Planta in Zusammenarbeit mit Ina Lannert, Barbara Rohrer und Kate Kingsley Skattebol. Jeder Band mit einem Nachwort von Paul Ingendaay.

Bisher erschienen:

Zwei Fremde im Zug
Roman. Aus dem Amerikanischen von Melanie Walz

Der Schrei der Eule
Roman. Deutsch von Irene Rumler

Das Zittern des Fälschers
Roman. Deutsch von Dirk van Gunsteren

Die stille Mitte der Welt
Stories. Deutsch von Melanie Walz

Lösegeld für einen Hund
Roman. Deutsch von Christa E. Seibicke

Der talentierte Mr. Ripley
Roman. Deutsch von Melanie Walz
Auch als Diogenes Hörbuch erschienen,
gelesen von Gert Heidenreich

Ripley Under Ground
Roman. Deutsch von Melanie Walz

Die Augen der Mrs. Blynn
Stories. Deutsch von Christa E. Seibicke

Der Schneckenforscher
Stories. Deutsch von Dirk van Gunsteren
Daraus die Story *Als die Flotte im Hafen lag*
auch als Diogenes Hörbuch erschienen,
gelesen von Evelyn Hamann

Ripley's Game oder Der amerikanische Freund
Roman. Deutsch von Matthias Jendis

Ediths Tagebuch
Roman. Deutsch von Irene Rumler

Tiefe Wasser
Roman. Deutsch von Nikolaus Stingl

Die zwei Gesichter des Januars
Roman. Deutsch von Werner Richter
Auch als Diogenes Hörbuch erschienen,
gelesen von Charles Brauer

Der süße Wahn
Roman. Deutsch von Christa E. Seibicke

Die gläserne Zelle
Roman. Deutsch von Werner Richter

Leise, leise im Wind
Stories. Deutsch von Werner Richter

Zwei Stories (›Der Mann, der seine Bücher im Kopf schrieb‹ und ›Leise, leise im Wind‹) auch als Diogenes Hörbuch erschienen: *Der Mann, der seine Bücher im Kopf schrieb,* gelesen von Jochen Striebeck

Der Junge, der Ripley folgte
Roman. Deutsch von Matthias Jendis

Venedig kann sehr kalt sein
Roman. Deutsch von Matthias Jendis

Kleine Mordgeschichten für Tierfreunde
Kleine Geschichten für Weiberfeinde
Stories. Deutsch von Melanie Walz

Ausgewählte Stories auch als Diogenes Hörbuch erschienen: *Kleine Mordgeschichten für Tierfreunde,* gelesen von Alice Schwarzer

Elsies Lebenslust
Roman. Deutsch von Dirk van Gunsteren

Ripley Under Water
Roman. Deutsch von Matthias Jendis

Carol oder Salz und sein Preis
Roman. Deutsch von Melanie Walz

Keiner von uns
Stories. Deutsch von Matthias Jendis

Der Stümper
Roman. Deutsch von Melanie Walz

Ein Spiel für die Lebenden
Roman. Deutsch von Bernhard Robben

Nixen auf dem Golfplatz
Stories. Deutsch von Matthias Jendis

›Small g‹ – Eine Sommeridylle
Roman. Deutsch von Matthias Jendis

Der Geschichtenerzähler
Roman. Deutsch von Matthias Jendis

Leute, die an die Tür klopfen
Roman. Deutsch von Manfred Allié

Geschichten von natürlichen und unnatürlichen Katastrophen
Stories. Deutsch von Matthias Jendis

Suspense oder Wie man einen Thriller schreibt
Deutsch von Anne Uhde

In Vorbereitung:
Diaries / Notebooks

Außerhalb der Werkausgabe lieferbar:

Marijane Meaker
Meine Jahre mit Pat
Erinnerungen an Patricia Highsmith
Aus dem Amerikanischen von
Manfred Allié

Joan Schenkar
Die talentierte Miss Highsmith
Leben und Werk von Mary Patricia Highsmith
Aus dem Amerikanischen von
Renate Orth-Guttmann,
Anna-Nina Kroll und Karin Betz
Mit einem Bildteil

Zeichnungen
Ausgewählt und herausgegeben von Daniel Keel
Mit einem Vorwort der Autorin und
einer biographischen Skizze von Anna von Planta

Katzen
Drei Stories, drei Gedichte,
ein Essay und sieben Zeichnungen
Außerdem unter dem Titel *Katzengeschichten*
als Diogenes Deluxe lieferbar

Ladies
Frühe Stories
Aus dem Amerikanischen von pociao,
Dirk van Gunsteren und Melanie Walz

Raymond Chandler im Diogenes Verlag

In Neuübersetzung bisher erschienen:

Der große Schlaf
Roman. Aus dem Amerikanischen von Frank Heibert. Mit einem Nachwort von Donna Leon

Die kleine Schwester
Roman. Deutsch von Robin Detje. Mit einem Nachwort von Michael Connelly

Außerdem lieferbar:

Lebwohl, mein Liebling
Roman. Deutsch von Wulf Teichmann

Das hohe Fenster
Roman. Deutsch von Urs Widmer

Die Tote im See
Roman. Deutsch von Hellmuth Karasek

Der lange Abschied
Roman. Deutsch von Hans Wollschläger
Auch als Diogenes Hörbuch erschienen, gelesen von Gert Heidenreich

Playback
Roman. Deutsch von Wulf Teichmann

Außerdem liegen vor:

Mord im Regen
Frühe Stories. Mit einem Vorwort von Philip Durham. Deutsch von Hans Wollschläger

Erpresser schießen nicht
und andere Detektivstories. Mit einem Vorwort des Verfassers. Deutsch von Hans Wollschläger
Daraus die Story *Nevada-Gas* auch als Diogenes Hörbuch erschienen, gelesen von Günter Lamprecht

Der König in Gelb
und andere Detektivstories. Deutsch von Hans Wollschläger
Daraus die Story *Spanisches Blut* auch als Diogenes Hörbuch erschienen, gelesen von Günter Lamprecht

Gefahr ist mein Geschäft
und andere Detektivstories. Deutsch von Hans Wollschläger
Daraus die Story *Gefahr ist mein Geschäft* auch als Diogenes Hörbuch erschienen, gelesen von Günter Lamprecht

Notizbücher
Drei Geschichten und Parodien, Aufsätze, Skizzen und Notizen aus dem Nachlass. Mit Zeichnungen von Edward Gorey, einer Erinnerung von John Houseman und einem Vorwort von Patricia Highsmith. Deutsch von Wulf Teichmann und Hans Wollschläger (vormals: *Englischer Sommer*)

Die simple Kunst des Mordes
Briefe, Essays, Notizen, eine Geschichte und ein Romanfragment. Herausgegeben von Dorothy Gardiner und Kathrine Sorley Walker. Deutsch von Hans Wollschläger

Meistererzählungen
Deutsch von Hans Wollschläger

Frank MacShane
Raymond Chandler
Eine Biographie. Deutsch von Christa Hotz, Alfred Probst und Wulf Teichmann

Zierfische
Eine Detektivstory
Diogenes E-Hörbuch, gelesen von Günter Lamprecht

F. Scott Fitzgerald im Diogenes Verlag

Er war Ernest Hemingways Vorbild. Dashiell Hammett, Raymond Chandler, Gertrude Stein und T.S. Eliot lasen ihn mit Begeisterung. Und heute ist er der Lieblingsautor so unterschiedlicher Persönlichkeiten wie Doris Dörrie, Joey Goebel und Haruki Murakami.

»Die Texte Fitzgeralds überzeugen heute vielleicht noch mehr als zu seinen Lebzeiten, da sie nicht mehr als Zeit- und Narrenspiegel, sondern als großartige Literatur gelesen werden können.«
General-Anzeiger, Bonn

»F. Scott Fitzgerald ist ein Schriftsteller, wie er uns heute fehlt. Man kann ihn wieder und wieder lesen.«
Frankfurter Allgemeine Zeitung

»Engel sind die eleganteren Menschen. Aber wer hoch steigt, wird tief fallen. Niemand zeigte beides so schön wie F. Scott Fitzgerald.« *Frankfurter Rundschau*

»F. Scott Fitzgerald war der Größte unter uns allen.«
Ernest Hemingway

Diesseits vom Paradies
Roman. Aus dem Amerikanischen von Bettina Blumenberg und Martina Tichy. Mit einem Nachwort von Manfred Papst
Auch als Diogenes Hörbuch erschienen, gelesen von Burghart Klaußner

Die Schönen und Verdammten
Roman. Deutsch von Hans-Christian Oeser. Mit einem Nachwort von Manfred Papst
Auch als Diogenes Hörbuch erschienen, gelesen von Gert Heidenreich

Der große Gatsby
Roman. Deutsch von Bettina Abarbanell. Mit einem Nachwort von Paul Ingendaay
Auch als Diogenes Hörbuch erschienen, gelesen von Gert Heidenreich

Zärtlich ist die Nacht
Roman. Deutsch von Renate Orth-Guttmann. Mit einem Nachwort von Heinrich Detering
Auch als Diogenes Hörbuch erschienen, gelesen von Burghart Klaußner

Die Liebe des letzten Tycoon
Roman. Deutsch von Renate Orth-Guttmann. Mit einem Nachwort von Verena Lueken
Auch als Diogenes Hörbuch erschienen, gelesen von Anna Thalbach

Winterträume
Erzählungen. Deutsch von Bettina Abarbanell, Dirk van Gunsteren, Christa Hotz, Alexander Schmitz, Christa Schuenke, Walter Schürenberg und Melanie Walz. Mit einem Nachwort von Manfred Papst
Daraus die Erzählung ›Winterträume‹ auch als Diogenes Hörbuch erschienen, gelesen von Friedhelm Ptok

Die letzte Schöne des Südens
Erzählungen. Deutsch von Bettina Abarbanell, Anna Cramer-Klett, Dirk van Gunsteren, Christa Hotz, Alexander Schmitz, Walter Schürenberg und Melanie Walz. Mit einem Nachwort von Paul Ingendaay

Wiedersehen mit Babylon
Erzählungen. Deutsch von Bettina Abarbanell, Christa Hotz, Renate Orth-Guttmann, Alexander Schmitz, Christa Schuenke, Walter Schürenberg und Melanie Walz. Mit einem Nachwort von Daniel Kampa

Der letzte Kuss
Erzählungen. Deutsch von Christa Hotz, Renate Orth-Guttmann, Harry Rowohlt, Alexander Schmitz, Walter Schürenberg und Melanie Walz. Mit einem Nachwort von Verena Lueken

Drei Stunden zwischen zwei Flügen
und andere Meistererzählungen. Ausgewählt und mit einem Nachwort von Daniel Kampa

Junger Mann aus reichem Haus
Erzählungen. Mit einem Vorwort von John Updike. Deutsch von Bettina Abarbanell und Walter Schürenberg

Der seltsame Fall des Benjamin Button
Erzählung. Deutsch von Christa Schuenke
Auch als Diogenes Hörbuch erschienen, gelesen von Gert Heidenreich

Früher Erfolg
Essays. Über Geld und Liebe, Jugend und Karriere, Schreiben und Trinken. Deutsch von Melanie Walz, Bettina Abarbanell und Renate Orth-Guttmann

Liebe in der Nacht
und andere Lovestories. Ausgewählt von Silvia Zanovello. Deutsch von Bettina Abarbanell, pociao, Christa Schuenke und Melanie Walz

Für dich würde ich sterben
Erzählungen. Herausgegeben und kommentiert von Anne Margaret Daniel. Deutsch von Gregor Runge, Andrea Stumpf und Melanie Walz

Ein Diamant – so groß wie das Ritz
Erzählung. Diogenes Hörbuch, 2 CD, gelesen von Gert Heidenreich

Pietro Citati
Schön und verdammt
Ein biographischer Essay über Zelda und F. Scott Fitzgerald. Aus dem Italienischen von Maja Pflug